湛庐CHEERS

与最聪明的人共同进化

HERE COMES EVERYBODY

Denis J. Hauptly　［瑞士］丹尼斯 · J. 哈普特利　著

打造真正的新产品

何瑞青　译

Something Really New

浙江教育出版社 · 杭州

什么是真正的新产品

每一次创新都会出现一个特别的时刻。当你发现自己克服了困难，获得了重要的认知，或者开发出了新范式，你就会体验到灵光乍现的感觉。下面这个故事就包含了一个这样的特别时刻，它也为本书后面的大部分内容奠定了基础。

20 世纪 80 年代末，美国政府成立了一个由政府官员和法官组成的代表团，我就是其中一员。我们奉命前往罗马与意大利司法部门的官员会谈。当时意大利刚发生恐怖袭击事件不久，我们抵达意大利时的情景至今历历在目。意大利方派了专人来接机，他们开了一辆装甲车送我们去酒店，我们在一家餐馆的包间里吃了晚餐，包间门口站着几个表情严肃的守卫，他们穿着防弹衣，手持冲锋枪。

我们此行的目的很有意思。意大利的刑事司法体系与美国的完全不同，大多数欧洲国家也都是如此。一起案件的主诉检察官本身也是法官，他会先带领警察收集犯罪证据，然后再担任该案件的主审法官。这种体系并不严密——理论上，调查取证的法官既要保持中立，又要收集有利于指控的证据。不过，当你调查犯罪嫌疑人时，实际上很难完全保持中立。意大利立法机构修改了这个体系，修改后使其接近于美国现行的体系：检察官收集证据呈交给法官，法官不参与调查取证。我们来此的目的，就是给意大利的同仁提供建议，指导实施。

会谈在一个建于 19 世纪的房子里举行，30 多人围绕一张方桌就座。我们讲英语，然后由工作人员翻译成意大利语，所以会谈进展得十分缓慢。我针对起诉裁量权（prosecutorial discretion）滥用问题作了发言。我认为，在旧体系下，意大利不存在这样的问题。检察官毕竟也是法官，是一个中立的人物，而不是辩护律师。因此，对一个人提起检控是一种司法行为。法官没有滥用起诉裁量权，或者说理论上没有滥用。

在我发言的时候，我发现对方的官员面面相觑，并且窃窃私语，所以我就停止发言，询问原因。来回询问了几个问题后，才找到症结所在。他们完全理解滥用起诉裁量权这个概念，但他们担心的正是在旧体系下会出现这个问题，这与我的假设正好相反。这就说明，我们双方的观点不一致。当我们双方清楚地认识到这种差异，找到了引起困惑的原因后，会场里有几个人倒吸了一口凉气。在他们看来，滥用起诉裁量权就代表检控合理时，未能提起检控；而在我看来，这代表出于不正当的动机，如个人恩怨或种族偏见等而提起检控。在我的世界里，他们的担忧非常牵强；在他们的世界里，我提出的问题不可思议。

那么，40 年前这场秘密的司法问题会谈，与当今 21 世纪美国商业中的产品创新有什么关系？关系很大。40 年前，那个满是壁画的房间里之所以会发生那样的事情，是因为会谈双方都是在各自的文化中成长起来的。这些文化会诱导人们以特定的方式看待问题。文化融入度越深，人们就越难摆脱它的束缚；受自身理念的限制越多，人们就越难理解而且根本无法想象其他理念。

在我们的理念中，创新可以非常高效，甚至可以推动变革，但这仅限于我们的理念中。我们无法真正做出创新，是因为无法超越自己的理念，无法跳出思维的框架。不过，如果每个人都能意识到另一个理念，那就能达成一致，提出真正的创新方案。

别人告诉我，后来我频繁地用这个故事来说明文化对沟通产生的阻力。我这样做完全是下意识的，别人不说我都不自知，不过我也从中收获了宝贵的经验。那些意大利同仁是我的客户，我向他们提供了有用的信息，也因此得到了丰厚的回报（包括免费的罗马游）。不过，因为我们没有正确理解他们所处的环境，所以浪费了很多时间讲了一个对他们没有任何价值的话题。

可能我对自己有点儿苛刻。他们是不是也有责任提前告知我们这一情况呢？他们是不是应该先理解自己的问题，然后在这个基础上问我几个相关的问题呢？答案是否定的。他们是买方，而我是卖方。理解他们的需求是我的职责，而用明确的条款为我定义这些需求显然不是他们的职责。

凡是进行过焦点小组访谈、调查或其他形式的市场调研的人，都明白我的话是什么意思。如果询问别人对产品有什么期待，或者向他们展示一个产品概念，看他们有怎样的反应，单听他们的表述做决定，那么失败的风险就会很大。

在设计软件的时候，我会向焦点小组提出一个点子，如果他们作出积极的反应，发出“太酷了”这样的赞叹，我就会非常高兴。接下来，我会以这些积极反应为基础为产品增加新功能，但我后来发现这个功能并不受欢迎。我们当时提出的问题是：“你喜欢这个功能吗？”这是一个错误的问题。没有人不喜欢很酷的东西，而且在用幻灯片演示软件提案的时候，很容易让这个软件看起来非常酷。人们是否喜欢这个点子并不重要，我们需要知道的是，他们会为这个点子付钱吗？付了钱后会用吗？用户有没有发现它不仅看起来很棒，而且有实用价值呢？

在参考用户的答案做决定前，要先确保提出正确的问题。但事实恰恰相反，因为提问者的理念与回答者的理念完全不同；因为我们提出的是我们想知道答案的问题，而不是需要知道答案的问题。如果能提出正确的问题，就会得到非常有效、非常有价值的回答。如果提出的问题是错误的，就会迷失在错误的道路上，强烈的自信和高效的执行力反而会起反作用。

本书的指导思想是：实用性是产品创新和服务创新的驱动力。这一点很重要，因为它浓缩了本书所有的基础假设。接下来，我们就仔细分析一下这个观点，看看这些假设是否成立。

人们购买一样东西，有以下两个原因：有美的享受或有实用性。要么是出于美，要么是出于实用性。请仔细思考一下这句话。请回想一下你近期的购物经历，看看你的购买原因有没有不属于这两项的。不过请记住一点，它仅限于商品和服务。向慈善机构捐赠既不是购买商品，也不是使用服务。购买 CD 和 DVD 的原因属于哪一类？音乐很美妙，电影很感人（至少很有趣，这是另一种美）。购买画作的原因属于哪一类？人们不会买一幅自己不喜欢的画挂在客厅，人们购买的是一种他们自认为美的作品。那么购买食物又属于哪一类呢？没有什么比活着更有用了。如果你能找出第三个分类，那么我会感到非常惊讶。

如果实用性和美是人们购买东西的理由，那创新就必须以此为出发点。创新必须能体现一种新形式的美，或者能显著地提高效用。这一点似乎显而易见，我们的第一直觉往往会认为，产品开发必须始终以这些概念为指导，但事实并非如此。

请回想一下宠物石，再回想一下语音转录软件。这两个产品都代表了第三个错误的分类：新奇感。你购买宠物石是因为这个概念很有趣，这让它看起来就有美的因素。但从结果来看，宠物石既不能带来美的享受，也没有实用性。宠物石从 20 世纪 60 年代到 70 年代被销售了数百万个，但现在美国人的家里几乎都看不到它了，仅存的几个可能只是人们用来留作纪念的。语音转录软件看起来有很强的实用性：不用打字就可以输入内容！谁能抗拒这个概念呢？遗憾的是，至少就目前来看，这个软件并没有达到预期的效果。就我个人的体验而言，和用手打字相比，这个软件更加耗时耗力。但还是有人会买这两样产品，对不对？而当大家发现这些产品既不能带来美的享受，也没有实用性时，产品就会逐渐失去市场。

在本书中，我们不讨论美的因素，也不关注艺术、音乐和装饰，我们的焦点是服务和不涉及审美的产品。所以，我们提出的问题都和实用性有关。这些问题需要指引我们理解实用性的概念，而且做出的产品创新要能提高实用性。参与产品开发的人或多或少都明白这一点（但市场上纯粹“很酷”的产品的数量也不少）。

我们会在书中介绍一个创新过程，它包含 3 个关键：①明确用户使用产品的原因；②列举使用产品的必经环节；③将使用流程简化到极致。这 3 个关键是以 3 个问题的形式展开的：

- 关键问题 1，用户使用这个产品要完成什么任务？
- 关键问题 2，当我知道了用户使用一个产品要完成什么任务后，我能减少完成这个任务的步骤吗？

- 关键问题 3，用户使用了我的产品后，接下来要完成什么任务？

我们会在之后的章节逐一分析，目的是找到对用户来说不必要的资源消耗，并且通过减少这种浪费来作出创新。**这个创新过程简单明了，可以让你快速创造出对用户真正有价值的创新产品和创新服务，而且成本低廉。**

这 3 个关键问题层层递进，后一个问题以前一个问题的答案为基础。关键问题 1 奠定了创新过程的基础，关键问题 2 顺着关键问题 1 的答案，告诉你如何把它简单有效地应用在实际生活中。回答了关键问题 2，就找到了真正的创新方法。关键问题 3 会指引你从单一的产品和服务转向工作流程，从而发现提高用户忠诚度、进入全新产品领域的机会。这 3 个关键问题会指引你找到推动公司发展的点子。但是，这个结果不会自动发生。

本书第一部分的重点是举例讨论“硬件”产品的创新。其中，第 7 章专门讨论了服务行业的创新案例，第 8 章会对前 7 章中提出的方法做一个总结。

提出正确的问题是创新的必要条件，但不是充分条件。所以，我们在第二部分讨论了创新中人的要素。创新者在某些方面是与众不同的，有的创新者有很多新点子，但不能确定哪些是好点子、哪些是坏点子。把实用主义创新者和那些极端创新者搭配起来，就是创新的首要任务。我们也会讨论如何针对创新来优化组织。这个问题很棘手，而且有可能要打破现有的组织结构，但是其回报非常可观。

第 11 章会重点说明，创新的 3 个关键不仅是创建产品概念的工具，而且可以帮助公司高层在审批项目时做出决策。

在开始阐述关键 1 之前，我们先来审视一下本书的一个基础假设：创新很重要。因为如果它不重要，我们也就可以止步于此了。

测一测　你对产品创新了解多少

1. 判断正误

（　　）创新能激发企业的活力，带来高收入和高利润

（　　）用户愿意为创新支付溢价

（　　）提出正确问题是创新的充分必要条件

（　　）改变即是创新

2. 在下列选项中，关于新产品的说法，正确的是（　　）

A. 新产品具有实用性

B. 新奇的产品就是新产品

C. 在原有的外观上进行改变的产品，就是新产品

3. 产品创新和服务创新的驱动力是什么（　　）

A. 实用性

B. 利润

C. 给用户带来美的享受

4. 功能是指产品能做什么，任务是指用户使用这个产品做什么。所有真正的产品创新都发生在（　　）

A. 任务层面

B. 功能层面

C. 以上两个层面

5. 你可以通过考察哪些方面快速过滤创新点子（　　）（多选）

A. 外观

B. 新奇感

C. 实用性

6. 下列哪种方法可以使创新最大化（　　）

A. 创建一个创新流程

B. 创新者进行实地观察，深入理解产品所要完成的任务

C. 创建一个组织，让组织成员运用这些方法为他们的任务助力

7. 我们之所以给用户制造了种种障碍，是因为没有花时间去思考正确的问题，那么，这个“正确的问题”是指（　　）

A. 用户使用这个产品要完成什么任务

B. 一个产品真正的使用功能是什么

C. 以上两者

8. 当你知道了一个产品的使用任务后，接下来要思考（　　）

A. 我能减少完成这个任务的步骤吗

B. 用户使用了我的产品后，接下来要完成什么任务

C. 我的产品能让用户觉得“很酷”吗

扫码获取测试题答案。

目　录

第二部分
打造真正的新产品所需的环境因素

新产品带来高利润

如果你认为自己的企业不需要创新，可能也就不会打开这本书。但是，稍微花点儿时间浏览几页，了解一下创新为什么重要，对你来说还是有用的。因为改变现有的方法寻求创新是一个重大的决定，做这样的决定，就需要一个明确的理由。下面我会具体说明。

本书中讲述的方法有些非常简单易用，有些你可能正在使用，但有些就比较复杂。对大多数企业来说，创新就意味着要调整组织架构、优化人员配置，这就需要下定变革的决心。推行变革的前提是能获得丰厚的利润，我认为这个利润是存在的。

有效创新的价值

2006 年，《商业周刊》杂志以创新为主题做了一项调查，并根据调查结果编制了一个全球创新型公司 25 强榜单。然后，它把这些公司与标普全球 1200 指数中的同类公司进行了对比，结果发现：从 1995 年到 2005 年，这些创新型公司年利润增长率的中位数是 3.4%，标普全球 1200 指数中同类公司同期的年利润增长率中位数是 0.4%；前者的股票年回报率的中位数是 14.3%，后者的股票年回报率的中位数是 11.3%。

《哈佛商业评论》在 1997 年刊登的一篇文章中对这些数据进行了更加细致的分析。文章把创新分为两个类型：渐进式创新（incremental innovation）和迭代式创新（next generation innovation）。文章指出，在已发布的新产品中，渐进式创新产品占 86%，其收入占比是 62%，贡献了 39% 的利润；迭代式创新产品只占到了新产品数量的 14%，收入占比为 38%，贡献的利润却高达 61%。

这些数据让人大吃一惊。如果能进行有效创新，那么创新不仅能推动收入增长，而且能推动利润增长。宝洁公司一直以来都是创新的典范，据统计，一个新的创新项目能让公司创新的成功率翻倍，这是根据他们的商业案例来衡量的，而同期的研发投入在总销售额中的占比从 4.8% 下降到了 3.4%。

有效创新是企业成功的基石。不过，创新并不是企业唯一的选择，营销也能让企业获得成功。但是，营销再高明也只是营销。虽然有很多企业企图靠营销贩卖不好的产品，但最终这些产品也只是昙花一现。这是因为，营销想要成功，创新就必须成功。一家企业除了有效管理，一定还有更多作为。

看到这里，你不妨停下来看一下自己公司的营销预算和创新预算，创新预算很有可能是营销预算的几倍。当然，事情本来就应该如此。把信息传达出去以及恰当地传达出去是相当困难的，而且需要不菲的资金。如果产品的营销点是真正的创新，那么营销就会容易很多，而且花费更少。对创新加大投入要么会减少对营销的需求，要么能通过营销产生更多的收入，无论哪一种结果，都是成功。

我们来仔细分析一下这个观点。产品可以作为纯粹的商品而存在，比如人人都需要的瓶装水；也可以作为首次出现的新品类而存在，比如新推出的（有争议的）减肥饮料。

瓶装饮用水是一种商品，除了价格不同之外，个体之间似乎没有多少区别。但是，如果使用一点点营销“魔法”——为它打造一个便于记忆的品牌，在广告里把它与青春和健康联系在一起，那么很快就会为这个商品创造出溢价，这样就可以比竞品卖出更高的价格。如果你在水里加入青柠的味道，就可以把价格再提高一档；之后再加入一些神奇的草药和香料，称之为“能量饮料”。突然之间，你就创造了一个全新的品类，你卖的不再是普通的水，传统的定价规则也因此不再适用。当这个新品类变成商品时，你就可以把卖点改为“保持清醒”甚至是“保持苗条”这种更流行的产品概念。改变之后，你就又创造了一个新品类。

有了品牌溢价之后，在这个链条上的每一次改变都包含了创新的元素，每一次创新都会提高这个产品的价格，结果是，在一个产品上花费同样的营销费用，却产生了更高的利润。创新启动了高收入和高利润的引擎。

打造用户认可的新产品

创新在用户感知中也很重要。如果一家公司没有树立起创新的形象，发布新产品时就不太会受到用户的关注。人们认为 3M 公司是一家创新型公司，所以看到 3M 公司的产品时，就会寻找其创新之处。人们没有期望西尔斯百货（Sears）有什么创新，它的品牌形象是可靠。如果 3M 公司发布了一个创新产品，人们可能会拭目以待；如果西尔斯百货这样做，人们可能会充耳不闻。

这种感知远远超越了是否购买的层面。苹果公司发布 iPod 之后引起了巨大的轰动，公司股价在几年之内飙升了 600%。但这并不是全部。2005 年第四季度，苹果公司宣布 Mac 电脑的出货量达到 1 254 000 台，同比上涨了 20%。该季度 iPod 的销量上涨了 207%，它的热销对 Mac 电脑产生了晕轮效应，受其影响，在电脑硬件市场低迷的情况下，Mac 电脑的出货量依然上涨了 20% 。这种增长一方面是因为侵蚀了对手的市场份额，另一方面是因为苹果公司宣布会推出内置英特尔处理器的 Mac 电脑，虽然当时还没有正式上市，但许多消费者都翘首以盼。

用户喜爱 iPod。因为喜爱 iPod，所以他们也喜爱苹果公司。因为喜爱苹果公司，所以他们摒弃了 Windows-Intel 架构的电脑，改用 Mac 电脑。每一个喜爱 iPod 的用户都变成了 Mac 电脑的潜在用户。此外，大部分 iPod 都是在苹果零售店里销售出去的，用户购买 iPod 时，能亲眼看到一系列设计精巧、洁白圆润的苹果产品。如此一来，晕轮效应就更加明显了，而这些购买了 Mac 电脑的人，原本是打算进来买 iPod 的。

即便有的人离开时没有购买 Mac 电脑，他们也拥有了一部 iPod，在 iTunes 音乐商店这个新渠道购买音乐后，就可以把它们同步到 iPod 之中，随身携带。仅在 2006 年上半年，CD 的销量就下滑了 4%。业内一位权威人士当时预计，在线音乐的销量在 2006 年会上涨 25%，CD 的黄金时代正在迅速消退。iPod 不仅为自己开辟了一个巨大的市场（这个市场依附于 iTunes），而且凭借晕轮效应为 Mac 电脑创造了一个市场。还有什么比这更让人欣喜呢！

关注创新还有更重要的理由：创新能激发企业的活力。你可以为一款老产品策划一场新的营销活动，提高其短期销量，但你无法用这种方式激发企业的活力。如果大家认为发布的新产品能占领市场，那么营销人员就会充满活力，销售人员也会充满活力，甚至财务人员都会充满活力。这种热情散发出来的活力，会让每个人出色地完成工作，而且这种活力会推动企业向前发展。成功孕育成功，产品创新会孕育营销创新、销售创新甚至是业务模式创新。

不创新，能取得同样的效果吗？有这种可能，不过在没有出众的新产品推向市场时，要想让销售额保持增长，让营销持续奏效，将会相当困难。增长是创新的自然产物，本身对企业就是有益的。

归根结底，道理非常简单，创新之所以重要，是因为人们会购买两样东西：商品和创新。对商品，人们会支付最低的价格；对创新，人们会支付溢价。那么，你想做哪种生意呢？

SOMETHING

REALLY

NEW

THREE SIMPLE STEPS
TO CREATING
TRULY INNOVATIVE
PRODUCTS

第一部分

打造真正的新产品的 3 个关键

第 1 章

关键 1，明确用户使用产品的原因

关键 1 涉及两个最重要的问题，所以我们会花较长的篇幅来讨论，但它所体现的观点并不复杂，执行起来也很简单。这个观点是“任何类型的企业都有一个‘产品’”，但人们埋头于日常经营之中，往往忽略了这个观点。

水龙头行业的创新

我们从一栋普通房子的厨房开始探索这些问题。厨房里有一个水槽，水槽上装着一个水龙头。这个水龙头有很多属性，它的颜色可能是铬黄色、金黄色、古铜色、白色，也可能是其他颜色；它可能有两个手柄分别控制热水和冷水，也可能只有一个手柄，通过旋转和推拉调节水的温度和流速。这个水龙头可能是一套设备的一部分，这套设备另外还有一个喷头和一个净水器。

虽然水龙头各式各样，但它依然是商品。这句话没错吧？而且每个人的房子里都有。我的房子里有两个卫生间，装了9个水龙头。我并不经常更换水龙头，它们也不怎么需要修理。安装哪种水龙头，一般需要根据配套的家具决定，如果厨房的设备是不锈钢的，那么很少会配备金黄色的水龙头。水龙头无论是单手柄的还是双手柄的，操作方式基本一样，价格不同是因为材质、设计、品牌价值或质量价值不同。

卫生洁具行业业务量虽然稳步增长，但是增长率很低，在21世纪初的近10年里，其年增长率为3%～4%。这个增长来自新建房屋和老房翻新。水龙头的使用期限长，而且容易修理，所以除了重新装修之外，很少有人会更换它。但是你即将改变这种现状，你即将让卫生洁具行业发生重大的改变。你要创造一种创新型产品，准备新建房子的人都想使用这个产品，许多有房人士也强烈地想要淘汰旧的水龙头，安装新的。不仅如此，如果你真的别出心裁，那么你甚至会让水龙头产生新的用途。这样一来，业务量增长率会有6%～7%，产品的价格和利润会随之提高。当然，奖金也会让你拿到手软。你要想到一艘游艇，而不是只想到一条渔船。

不过，你要先提出正确的问题。实际上，这操作起来没那么难，找到正确的问题比中彩票要容易很多。

创新需要另辟蹊径

水龙头行业亟需创新。创新带来的差异才能让这种商品化产品保持一定程度的溢价。你就这样被扔进了龙潭虎穴。你的上司曾是商品创意的高手，但他已经有 11 年没提出过一个新点子了。现在他感受到了来自高层的压力，指定你领导新成立的厨房产品开发部开发新型水龙头。接下来就由你来规划第二年的产品线，由你决定在美国厨卫展览会上参展的产品。如果你失败了，就要卷铺盖走人，而这位脾气不好的上司就只会因为自己缺乏创新而指责其他人。

下面是一些市场调研的例子，为了方便应用而进行了简化，可能会对你有所帮助。

首先，被问及厨房水龙头的购买动机时，购买者按照以下顺序罗列出了他们考虑的因素：

1. 款式 / 颜色；
2. 耐久性 / 质保；
3. 价格；
4. 品牌。

其次，被问及最喜欢现有厨房水龙头的哪些方面时，房主们按照以下顺序罗列出了他们的答案：

1. 款式 / 颜色；
2. 耐久性；
3. 容易修理。

制造商向来都很注重水龙头的款式和耐久性。美国厨卫制造企业摩恩公司（Moen）的理念是“内外兼修，一生信赖”，美国知名水龙头市场品牌得而达（Delta）的理念是“我们用水创造奇迹”，这两家公司的市场份额大概都是 25%，它们似乎奉行同样的经营哲学。

那么，你的任务来了：无论你对厨房水龙头业务了解多少，无论你走进厨房观察一个水龙头后发现了什么，都请用 10 分钟的时间提出两个创新的点子。规则就这一条。凡事有成功，也有失败，但你的成败只有你自己知道。现在，请开始行动。

假设已经过了 10 分钟，你也写下了两个点子。那么，请和下面这几条点子对比一下，看看你有没有想到，不必完全吻合，意思相近即可。

1. 可以随时更换“皮肤”，改变水龙头的颜色；
2. 带有多种木材的色调；
3. 易收缩，不用时可以隐藏起来；
4. 复古的外观；
5. 配备超薄手柄，接近隐形状态；
6. 易清洗，不沾油污；
7. 易更换。

你的点子有没有被包含在里面？是否和某一条点子意思相近？如果有，那你就失败了。因为这些都不是创新，只是改变而已。我们会在后面的章节深入讨论创新与改变的区别，这里要讨论的重点是：如果你的答案和其中某一条相似，那么你提出的基本问题就是错误的。你已经受到市场调研的误导而偏离了创新，因为市场调研提出的问题也是错误的。调研人员认为水龙头就是一种商品，因此他们会觉得从外观上进行区分才能体现出水龙头的美。

这种观点毫无根据，因为水龙头的“美”也是一种商品，制造商可以把任何水龙头都做得很美。这就像是选美比赛，在选美比赛中，你看起来很美，其他人也很美。消费者会选择最美的水龙头，但哪个是最美的，完全取决于个人的主观判断。这样一来，水龙头就出现了各种各样的款式，互相争夺市场份额。

这些“创新”是通过把“美”这个维度商品化，进一步把水龙头这个产品商品化。最终的结果是，你的产品无法以其他任何有意义的方式脱颖而出。有 5% 的顾客觉得你的水龙头是最美的，他们就会购买；但是剩余 95% 的顾客喜欢其他款式，他们就不会购买。你这是在画地为牢，因为你只关注到了这个产品的一个细小特征。

创新不仅仅是改变水龙头的外观、改变麦片的味道，或者在冰箱门上装一台制冰机，创新需要另辟蹊径，对于已经商品化的产品线来说尤为如此。

回归用户的真正需求

很多人提出的问题都是错误的，著名歌手布鲁斯·斯普林斯汀（Bruce Springsteen）对这种状况的描述可能最为贴切。2006 年初，斯普林斯汀与美国民歌歌手皮特·西格（Pete Seeger）制作的一张新专辑即将上市，斯普林斯汀就此接受了采访。他说，专辑里包含一首久负盛名的歌曲，它和 20 世纪 60 年代的民权运动有密切的关系，制作时遇到了很大的困难。“当提出要翻唱《我们要战胜一切》（*We Shall Overcome*）时，我心想，我唱不了，”斯普林斯汀说，“大家都把这首歌当作一个标志，但这首歌在成为标志之前是什么样的呢？所以我查看了歌曲的出处后发现：哦，原来这是一篇演讲。这就好办了，我知道如何演讲。”

我们应用这种回归基本层面的方法来试着回答一下关键问题 1：**用户使用这个产品要完成什么任务？**

这样提问是不是相对容易回答？如果你知道任务（task）和功能（function）之间的区别，答案就是肯定的。所有水龙头的功能都是汲水。无论是装在厨房、卫生间、浴缸还是花园里，水龙头的功能都一样。功能会告诉你水龙头能做什么，但是不能告诉你它能帮助你完成什么任务。如果错把功能当作任务，那么你就只会改变它的颜色或款式，其中不存在任何创新，这样做不能帮助你完成任务，也不能让水龙头更加好用。

要想创新，就必须超越功能、认清任务。安装在不同位置的水龙头，其任务也各不相同（如表 1-1 所示）。

表 1-1　水龙头的不同任务

水龙头安装位置	任务
卫生间	• 洗手 • 获取饮用水 • 刷牙

续表

水龙头安装位置	任务
浴缸	• 给浴缸注满水 • 洗头发
花园	• 为花草浇水 • 保持室外卫生
厨房	• 洗手 • 清洗餐具 • 清洗食物 • 取定量的水来烹饪

你现在应该明白任务这个概念了。我们不再纠结水龙头这个抽象的概念，而是把水龙头放在不同的场景中观察，每个场景里都有特定的任务。你可以仔细分析每个任务，然后就能发现厨房里的水龙头到底好不好用。结果证明，厨房里的水龙头并没有发挥应有的作用。所以说，水龙头这个“商品”还有创新的空间。水龙头安装在不同的位置，就要完成不同的任务，所以在不同的位置安装同一款水龙头本身就是错误的，但卫生洁具行业提供的产品基本都是一样的。除了款式不同以外，所有位置安装的水龙头都是一样的，哪怕每个水龙头要完成不同的任务。根据不同的位置采用不同的设计显然是大有裨益的。例如，在花园里使用的水龙头上内置简易的软管接头就会发挥

很大的作用。这样做是明智的，你会因此在软管市场上分得一杯羹，因为你会生产兼容其他接头的软管。但是，在卫生间里的水龙头上设计这种接头就是无用的。接下来，我们进一步分析一下厨房里的水龙头对应的 4 个任务。

还有什么事比洗手更简单吗？人人每天都要洗手，而且要洗好几遍，动作也很简单。在美国，许多人的动作步骤是这样的：

1. 走到水槽前；
2. 找到香皂，人们通常都希望它被放在水槽旁边；
3. 打开水龙头，调节水温到舒适的程度；
4. 把手淋湿；
5. 涂抹香皂；
6. 两只手不停地揉搓；
7. 冲洗掉手上的香皂；
8. 就近在毛巾上擦干；
9. 关掉水龙头。

是不是很简单？就像从 1 数到 9 一样简单。但严格来说，洗一次手用了 9 步，而且使用了几升的热水。你参与了一项本来没有这么复杂的活动，又浪费了水和能源，而且你的行为与最初的目的背道而驰，因为第九步是要再次接触水龙头，这样你的手就又脏了。也许你会觉得“肯定还有更好的洗手方法”。没错，确实有更好的方法。

世界上在洗手方面最专业的人就是医生。他们洗手很频繁且用水很节约。供医生洗手的水槽下面有一个脚踏板，踩一下就会出水，水温是提前设定好的，从而避免使用者在关闭水龙头时用手去接触。你洗一次手用了 9 步，而医生用的方法更简单，使用的水和能源更少，却达到了同样的目的。许多公共卫生间里采用了这种方法，安装了感应式水龙头来控制水流，温度也是提前设定好的。

这就是创新。这种创新也能让清洗餐具和食物的过程更简单、更节约。也许你家附近的家得宝（Home Depot）就有类似的厨房水龙头。当然，这种水龙头早已上市销售，在医生的办公室和餐厅的厨房里都能看见，在卫浴店里就能买到，但在家居市场这个最大的水龙头市场里很难找到。

在厨房安装脚踏板式的水龙头也能让取定量的水来烹饪这个任务变得简单，但用另外两种创新的方法可以起到同样的效果。首先，我们分析了这个任务后发现，大家通常都是用量杯或液盎司容器[①]来定量取水的。那么，有没有可能只需把锅放到水龙头下，每按一次按键就按需取一量杯的水，直到取够预先设定好的水量？毫无疑问，生活会因此变得简单，你也不需要再找一个量具了。这样做还能节约水和能源，因为当你定量取完水后，水龙头会自动关闭。而且，既然用不着量杯，你也就不需要清洗它了。

但是还有更好的解决办法，假设这种能定量取水的水龙头不是安装在水槽上，而是安装在灶头上呢？如果水量是提前设定好的，就不可能溢出，那么你在烹饪时就不需要使用水槽。这样一来，既简化了步骤，又节约了水和能源，厨房也会发挥更大的作用。回想一下当厨房只有一个水槽，而你想用水，水槽却被占着的时候吧，你就这样干等了多少次？

创新源于对用户需求的理解

我在上文描述的几种创新类型并非来自市场调研，也并非来自水龙头的工作原理分析，这些创新灵感都来自对任务的理解。**创新的第一个关键就是要认清任务**，这不是最后一步，而

---

① 1 美液盎司 =29.27 毫升。——编者注

是最重要的一步。认清了任务之后，你就需要接着完成其他步骤。你必须找到痛点，而且要考虑舍弃配件产品（比如，量杯就是水龙头的配件产品）。然而，如果你忽略了任务，就会一无所获。

你可能会觉得，做一次详细的市场调研或进行焦点小组访谈不就知道任务是什么了吗？但事实未必如此。在产品开发中，一般的用户会遇到同样的问题，但他们很难跳出现有的框架去寻找答案。他们认为使用量杯取水无可厚非，所以不会想要去改变这种方式。他们走进家得宝的水龙头销售区，关注的是颜色和款式，而不会去寻找自带定量取水功能的水龙头。你必须找到水龙头对应的任务，而且要在取得这个结果之前分析每一个步骤。进行市场调研不太可能让你得到这个结果，因为参与调研的用户或调研小组不会进行必要的分析，帮助你确定需要采取什么行动。

作为创新者，你的任务是进行实地观察，深入理解产品所要完成的任务。你必须认识到洗手（任务）和汲水（功能）的区别。你一旦识别了任务，接下来就可以提出创新的点子，供焦点小组讨论。如果你分析出的任务是正确的，你可能就会听到受访的用户赞叹不已；如果你的分析是错误的，你就会听到质疑的声音，或者“那又怎样”之类的反馈。

如果你没有听到赞美的声音，那就代表你什么也没改变；如果你确实听到了赞美的声音，那么有的用户即使没有装修计划，也有意愿购买新式水龙头，因为你设计的新式水龙头会帮助他们更高效地完成任务。

举一个现实的例子。20 世纪 90 年代中期，我领导万律公司（Westlaw）的功能开发部门开发网上法律研究系统。虽然大多数美国人当时对网络还不太了解，但是万律网已经存在了 20 年，而且它是一个非常成熟的产品，拥有庞大的客户群，当时已经更新到了第六个版本。我们要做的，是把它从一个需要下载的应用软件转变成通过浏览器联网就能使用的产品。在开发过程中，为了了解用户使用万律网要完成什么任务，我们做了一些研究。研究的过程就是分析万律网上的数千个法律案件（但不知道是谁做的庭审），确定用户用到了哪些功能。掌握了这些信息后，我们很容易就能推测出其中涉及了什么任务。

我们凭直觉就知道了答案。用户会从万律网数百万起法律案件中搜索。他们会输入一些搜索词，然后分析 20 多个搜索出来的案件。他们会找到相关度最高的案件，用软件里的工具来判断这个案件是否依然适用，以及哪些案件是根据它判决的。我们知道用户会这么做，因为万律网真的是一个巨大的法律信息数据库。而且，万律网毕竟是我们自己亲手打造的，有谁能比我们更清楚它的用途呢？

不过，确实有人比我们更清楚，那就是我们的用户。上面说的这些，根本不是万律网的主要任务，甚至和主要任务毫无关系。万律网的主要任务是在已知一个案件名称的情况下，让用户能在特殊的搜索框里输入这个名称，单独调出这个案件，然后打印出来，仅此而已。

用户使用万律网的主要任务是避免去图书馆复印案件资料。他们把万律网当成了一台施乐复印机。但是，因为我们太过注重优化搜索功能，不知道用户要完成什么任务，所以让打印案件资料这个任务变得非常困难。用户必须完成 11 步才能打印案件资料：

1. 打开应用软件；
2. 登录；
3. 打开资料库；
4. 输入案件索引词；
5. 点击搜索按钮；
6. 等待搜索结果；
7. 调用打印功能；

8. 选择打印模板；
9. 选择打印机；
10. 点击打印；
11. 如果要打印第二份案件资料，则返回步骤 3，重新开始。

我们站在用户的角度分析了这个产品最重要的任务，用户为了完成这个任务要经过 10 ～ 11 个步骤，但这个任务本身非常简单。为了解决这个问题，我们开发了一个特殊工具——“寻找打印”。这是一个简易的网站，用户一次最多可以输入 10 个案件的名称，然后点击一个按钮，所有案件都会在他们的打印机上立刻打印出来。完成这个任务原来需要 11 步，现在减少到了 4 步。用户非常高兴，这是因为我们不仅帮助他们节省了时间，而且还允许他们委派任务。此前基本只有律师知道怎样使用万律网，但他们现在可以教会行政助理或法务助理使用“寻找打印”功能，这个过程只需要几分钟。

“寻找打印”这个产品连续 3 年为公司贡献了可观的收入。在众多竞品中，律师更愿意使用我们的产品。开发团队的每个成员都获益匪浅。**我们之所以给用户制造了种种障碍，是因为没有花时间去思考正确的问题：用户使用这个产品要完成什么任务？**

从那时起，我们开始分析的时候就会问一些基本问题。有时我们会问“人们会用它来做什么”；有时更正式一点儿，我们会说“用例是什么”（用例就是在实际使用条件下描述这个产品点子），其实无论怎样问，中心意思都是一样的。

你现在对创新的概念应该有了大致了解，不过最好还是将其付诸实践。下面为你提供了一个练习方法，不过如果你能想到其他方法，就会有更大的收获。其实练习方法多得触手可及，例如随便走进一家商店、一家汽修店，或者到家得宝和塔吉特（Target）的门店里观察产品并且自问：“用户使用这个产品要完成什么任务？”久而久之，你就会不由自主地问自己这个问题，每当你发现一个产品或服务与其实际用途不匹配时，就会发现一个创新的机会。每当你发现一个创新的机会，你就会想到抓住这个机会的点子。你每做一次这样的练习，你的创新能力就会得到一次提升。你很快就会发现，有太多这样的机会被浪费在了新产品或新增产品线上。

我在第 1 章、第 4 章和第 6 章这几个重要章节都介绍了一些创新练习的方法。此外，附录中也包含了几个练习，并给出了参考答案。做这些练习是把书中介绍的方法内化的核心，你也可以把这些练习作为团建活动的重点内容。

创新练习

打造真正的新窗户

假设你开设了一个生产窗户的工厂。窗户的款式和尺寸多种多样，有的是滑动式的，有的是推拉式的；有的是木质的，有的是金属的；有的卖给了居住在气候寒冷地区的人，有的卖给了居住在气候温暖地区的人。无论是在什么地区，无论是什么款式，窗户的设计基本都一成不变。你可以去美国弗吉尼亚州的弗农山庄看一看乔治·华盛顿故居的窗户，你会发现它和你家的窗户基本没什么区别。最主要的区别可能就是他家窗户的轨道上安装了很多电子显示屏，有的外接在窗户上。我相信华盛顿总统当时住在波托马克河（Potomac River）旁边，肯定会喜欢这些东西，但当时没有这些产品。你现在的任务是重新审视家用窗户。你应该观察 21 世纪的人在日常生活中如何使用窗户。你可以去观察自己的朋友或邻居，也可以观察下面这个人：居住在华盛顿州西雅图的山姆。西雅图的气候很温和，不太冷，也不太热，雨季较长，夜晚十分凉爽，几乎没有蚊子。山姆就喜欢凉爽的房子，他还养了两只猫。

这就是创新关键 1，后续还有两个关键，很快就会讲到，但我们需要先研究一些别的问题。比如说，完成了关键 1 并不能确保你就能做出正确的或最佳的反应。就算你提出的问题是正确的，也有可能会得到错误的答案；有时答案虽然是正确的，却令你不是很满意。如果是这样，那么你在发现自己的错误之前，就会浪费大量的时间和资金。不过，最终能得到一个正确的答案总比没有答案好。在商业中，效率就是生命。所以接下来，我们就来分析一下“问题”和“答案”这两个主题，试着找到一种方法，提高为正确的问题找到最佳答案的概率。

第 2 章

提出正确问题，才能找到正确原因

2006 年的某个星期天，《纽约时报》上的填字游戏板块出了一个谜题，并给出了这样一条线索：他是亨利的儿子、“亨利二世”（Henry II）的父亲。这个人的名字一共有 5 个字母，第一个字母是 E，我从其他线索中确定了一个字母后，又回过头来看这条线索，但还是毫无头绪。英国国王亨利一世的确有一个儿子的名字很普通，但我想不到谁的名字是以 E 开头且包含 5 个字母。

但转念一想，我才发现自己上当了。它说的不是英国国王，而是法国或葡萄牙的国王，想想葡萄牙亲王、航海家亨利王子吧。我对这两个国家的常用名和国王的名字都不太熟悉，所以我等着下一个字母的出现。他的名字以 L 结尾，不是吧？这是一个什么名字？我一头雾水。实际上，我掌握了一条线索，而我却理解错了。现在有了 3 个字母：ED__ __L。再有一个字母就水落石出了。

我现在算是彻底明白了，不过这是因为我是在 20 世纪 50 年代长大的，我想起了福特汽车公司推出的那款失败的车型埃德塞尔（Edsel），它是以福特家族成员埃德塞尔・福特（Edsel Ford）的名字命名的，他是亨利・福特的儿子、亨利・福特二世的父亲。

面对这个问题时，我并没有掌握全部事实（几乎所有人都会这样），所以我提出了错误的问题。因为提出了错误的问题，所以我就不可能得到正确的答案。创新者必须更胜一筹。**只要先提出正确的问题，做的事就是正确的。**你可能会认为这是马后炮，“你知道了正确的答案后，才知道问题是错的。我要一开始就提出正确的问题，我不想浪费我的时间和公司的资源去为错误的问题寻找答案”。你说得很有道理，的确有一个方法能帮助你达到这个目标，但我们要先确认一下我们确实理解了这个概念。

每个人都会首先想到自己最熟悉的事物。我熟悉英国历史，所以当我遇到的问题与亨利一世和亨利二世这两人有关时，自然就想到了自己熟悉的事物：英国。[①] 这是一种自然反

① 实际上，英国国王亨利二世不是亨利一世的儿子，所以我的推理完全是错的。

应，而且在通常情况下能指引你找到正确的答案，但情况并不总是如此。

提出正确问题需要正确的视角

为了确保找到正确的问题，你必须跳出自己的圈子，从一个旁观者的角度去审视这个问题。要做到这一点其实非常困难。为什么说非常困难呢？

当遇到填字游戏这类问题的时候，我们大致可以把人群分为 3 类。

第一类人会从字面意思上去分析这个问题，进入自己的舒适区寻找可能的答案（比如，认为他肯定是英国国王亨利二世的父亲）。他们一旦找到了这个答案，就会排除其他选项。他们知道亨利二世的父亲其实是安茹伯爵杰弗里（Geoffrey），所以就会认为字谜的编辑搞错了而洋洋得意地放弃猜谜，甚至还会写信告诉编辑。

第二类人在某种程度上知道解决这个问题的方法可能不止一种，但是他们认为从自己熟悉的事物中找到正确答案的概率最高。不过，他们知道这个人肯定不是英国国王亨利二世的父亲（杰弗里的名字不是 5 个字母，而且不以 E 开头），他们会意识到这个谜题里有陷阱，而且会开始系统性地按照熟悉程度寻找其他答案。他们最终会找到答案。

第三类人对这个问题不做任何假设。他们看到这个问题会说："亨利，哪个亨利？这里面一定有一个陷阱，他们想让我直接联想到大家最熟悉的那个亨利，我不会这么做的，还有什么其他选项吗？"

第一类人永远都不会做出什么创新。除了歪打正着以外，他们提出的问题总是错的，我把这类人称为线性思考者（linear people）。线性思考者做事按部就班，寻找答案时不会考虑假设是不是错的，也不会重新审视先前的假设。这类人通常对数学非常擅长。

第二类人有可能做出创新，但是会比竞争对手晚一步，我称之为最终创新者（eventual innovators）。这句话没有任何贬低的意思。在所有的创新行为中，他们发挥了至关重要的作用，因为第三类人实在太少了。最终创新者会先提出假设，当他们发现这些假设在经验上站不住脚时，就会从头来过。很多科学家就属于这一类人。

第三类人能持续创新，我称之为创造思维者（unassuming persons）。他们确实不会提出什么强有力的假设，这使得他们对什么事情都充满了好奇，总是在不断地探索。这类人少之又少，因为假设指导了人们的生活，很少有人能摆脱它的束缚。这类人通常都有艺术背景，现在这也就不足为奇了。

大多数创新者都是最终创新者。他们需要养成一种挑战传统智慧的习惯。这需要一定的精神和勇气，也需要一个流程。这本书提供了 3 个“正确”的问题（即 3 个关键问题）。最终创新者应该把这 3 个问题贴在办公室的墙上，因为他们必须不断地提醒自己，需要回归基本层面来面对这些问题，就像破解填字游戏时所做的那样。经常自问这些正确的问题，逐渐养成一种习惯，既能省时省力，也能省钱。然而，只是提出正确的问题还不够，虽然这样做很有必要，但还不足以解决现实问题。为了把事情做对，正确的答案是必要的。

寻找正确的答案

回过头来看一下关键问题 1：用户使用这个产品要完成什么任务？答案完全有可能是错的。有的人还是会看着水龙头说：“顾客用它来取水。”我们从第 1 章中得知，顾客实际上会使用厨房的水龙头来做以下几件事：

1. 洗手；
2. 清洗餐具；
3. 清洗食物；
4. 取定量的水来烹饪。

但如果想在这些方面得出关键问题 1 的答案，就要下一番功夫。你必须仔细观察厨房的水龙头，试着区分功能和任务；必须抛开偏见和假设，用全新的视角去观察这个你观察了无数次的产品。结果有可能很好，也有可能很不理想。你如何确定自己是否找到了正确的答案呢？实际上，你可以从两个维度来做出判断：答案的明显性和观察结果。接下来，我们分别讨论一下。

维度一，答案的明显性

如果你想创新，就不要用显而易见的答案回答本书中提出的问题，它们绝对不是正确的答案。我再重复一遍：如果你想创新，就不要用显而易见的答案回答本书中提出的问题，它们绝对不是正确的答案。它们永远都是错的，在任何条件下都是错的。

为什么这么说呢？因为显而易见的答案反映的是现有的模式。如果答案显而易见，那是因为它完全符合人们看待世界的方式。这种答案可能会在某种程度上改进产品，比如水龙头出水可能会更快，或者会在开启一定的时长后自动关闭。这些变化都会发挥积极的作用，而且会略微提高产品的价值，但这些变化更像是改变，而不是创新。作为创新者，如果你想要超越这类变化，就要彻头彻尾地重新思考这个产品，让它以最大的效率为本身的任务服务，而不是仅仅提高利润。既然你有机会说自己的产品是“最好的”，那么为什么还要说它是“较好的”呢？

我们来分析一个案例。假设现在是 1960 年，你在纽约市交通管理局任职，负责地铁运营部门，你对工作认真负责，而且决定就地铁币的使用情况询问一下乘客的意见。遗憾的是，大家实际上并不喜欢那个硬币般大小的地铁币，甚至对它很反感。这种地铁币太小，装在口袋或钱包里很容易丢失，而且必须和硬币分开放，否则就要从硬币中一个一个找出来；投币的时候，它很容易从手里滑落到地上；每次乘坐地铁都要排队购买它。这种地铁币简直一无是处。

你如何解决这些问题？最快的方法就是改变地铁币的尺寸，加大尺寸后它既容易和口袋里的硬币区分，也容易被拿住。这是一个显而易见的答案，它体现了这种答案的所有特征。但这不是创新，只是按照现有模式在设计上做了一点改变。乘客可能会为此感到高兴，因为这个改变减少了使用过程中的问题。话说回来，这种大尺寸的地铁币还是很难与硬币区分，除非把它的直径延长到5厘米，而且它依然需要排队购买。这种地铁币在一定程度上让进站这个任务变得更加高效，但这一切还有很大的改善空间。

创新型的答案会认为问题出在地铁币本身。地铁币从一开始就被设计得像硬币一样，所以经常会和硬币混淆。这种币适用于单次乘坐地铁的情形，除此以外就需要频繁地购买。此外，这种币把价格结构限制在了“一币通行”上。

当我们观察了这个过程涉及的任务，排除显而易见的答案后，不得不自问：“如果没有这种地铁币，该怎么办？如何避免使用这种像硬币一样的东西？如何能让乘客从一个入口进站乘坐多次，而且在理想情况下，让定价有更大的灵活性？”创新型的答案就是使用储值卡（1976年在华盛顿地铁启用，2003年在纽约地铁启用）。它购买起来方便，而且可以用来乘坐很多次地铁，既不会和硬币混淆，也能采用多种定价策略。乘客节省了时间和精力，地铁系统也同样受益：不需要销售和回收地铁币后，需要的雇员也就减少了。[①]

但是，如果不转变现有模式，不推翻底层假设，就不会得到这个答案，不会有创新。就地铁币这个案例而言，底层假设就是问题出在地铁币的设计上，但实际上，乘客将地铁币当作进站的工具，这才是问题所在。乘客想要完成进站乘车这个任务，但交管部门关注的完全是另外一点：优化地铁币的设计。

所以，显而易见的答案并不是创新，但也不能彻底否定它。我们会在后文中进一步讨论，帮助你明白什么是大创新、什么是小创新。如果一个产品附加了足够多的小创新，就会显著改变产品的价值定位，所以不能忽视这类小创新。就像在橄榄球比赛中达阵要比射门得分更多一样，当你发现一个显而易见的改善时，请不要止步于此。显而易见的答案应该是撤退点，而不是出发点。

维度二，观察结果

创新离不开观察。如果观察一个人拿着锅在厨房的水龙头

① 科技的突破性进步让类似的创新得以实现。创新者必须深刻理解科技对用户生活的影响，并将科技的进步利用起来。

下面接水，那么观察结果是：水龙头是供水的。我们想不到其他答案，但如果换一个思路提问，“眼前到底发生了什么？这个人想要完成什么？我如何能帮他完成”，那么我们就真的有机会开辟新天地。

观察是提出创新点子的重要元素，也是测试这些点子的最佳机会，因为实践几乎是检验所有事物的最佳机会。你的答案是否和人们的实际行为吻合？你能通过观察人们使用产品的行为发现你的答案是错还是对吗？你的创新是不是在解决了老问题的同时又带来了新问题呢？

让我们再回到厨房水龙头的问题上。我们提出的一个创新之处是定量取水：按一下按键出一杯水，按两下出两杯，以此类推。这听起来合情合理，但这个创新是否正确，取决于用水的人在现实中会不会按照这种方式取水。假设做一道菜需要用 3 杯水，那么做饭的人是会用量杯精确地取 3 杯水，还是只是凭感觉接 3 杯水倒进锅里呢？如果他做这道菜时是凭感觉接水，那么做其他菜时是否也如此呢？

我用纯手工的方法做面包时，会凭感觉估计面粉和水的用量，因为我经常做面包，用手揉面的时候能根据手感判断要加水还是要加面。在这种情况下，凭感觉是行得通的。但换一种情况，如果我用机器做面包，就会精确称量水和面粉的用量，因为二者的混合比例很重要，机器一旦开始揉面，就不会有调整的机会了。

所以，如果用机器做面包或蒸米饭（这两件事都需要精确称量），定量取水就很重要。如果是做意大利面，多加一点儿水也无关紧要。那么，如果多加一点儿水无关紧要，定量取水这个创新的价值就很低了。

如果你观察过的做饭场景足够多，就会开始明白之前提出的这个创新是否有意义。产品价值的提升是因为有很多潜在用户会频繁使用产品，还是因为它有一个有助于提高产品销量但实际上根本不会被使用（或重视）的特征或功能？我们通常看到的都是第二种情况。不可否认，这种创新的确比老方法更好。但是，这些老方法根深蒂固，而且大家习以为常，所以一个人必须有非常大的动力才能真正改变自己的行为。

几年前，我负责的一款软件产品从黑色屏幕上的绿点变成了一个图形用户界面（Graphical User Interface，简称 GUI）。在后来的几年中，所有新产品开发都是在这个界面内完成的，但有的用户还是坚持使用早期版本。最终有一天，我们不得不关闭了老产品，但做了这个决定后，哪怕我们已经向用户提供了更加出色的产品，而且用户不用多花一分钱，用户的愤怒和苦恼也如潮水般向我们涌来。就算我详细描述当时的情况，你可能也难以置信。人们习惯了某种做事方式后，通常不愿意去改变，对创新者来说看起来很简单的改变，实际上对作为线性思考者的用户来说非常困难。

通过观察，你就能得知产品是否存在问题，而且观察不用花钱。产品的原型制作通常也不用花很多钱。就算是用语言描述创新点子，或者画一幅模型图，也能引起用户的反应，你可以据此判断是否需要投入更多的资金继续研发。如果你决定继续投入资金，而且能制作一个工作模型或产品原型，那么就能进行更多的客观性观察。用户会告诉你他们是否喜欢这个点子，是否会在生活中使用这个产品。根据观察得到的信息要比焦点小组讨论和市场调研的结果更有价值，产品开发人员立刻就能得知这个点子的优缺点。你也可以用观察的方法测试其他点子。

当然，这是一种与科学研究类似的方法：第一步，提出论点，通过试验来测试该论点；第二步，观察试验结果，与论点进行对比；第三步，发表试验的细节和结果；第四步，收集其他人对试验的评论信息；第五步，观察其他人能否复制这个试验得到同样的结果。科学方法之所以科学，是因为它是客观的。如果试验证明这个论点是错的，提出这个论点的科学家就会继续研究，直到找到正确的方法。产品创新不也遵循同样的步骤吗？

如果你做过产品开发的工作，就会发现开发者会受主观意识左右，从而表现出以下行为：

- 根本不测试；
- 以确保结果符合理论为出发点进行测试；
- 忽略负面结果，抓住一些孤立的积极言论不放；
- 套用其他市场的经验，却不测试其适用性；
- 以上 4 种行为都有，还会召开一场盛大的新闻发布会。

这些行为是完全合情合理的。你可能经常会听到这样的辩解，“我在这个市场已经工作了 10 年，我了解这个市场”，或其他自我验证式的说辞。但是，这些行为会导致一些荒谬的结果。我有一个同事是法定盲人，他需要借助特殊的设备来完成高技术含量的工作。例如，他使用的电脑屏幕可以把字母放大很多倍。他曾告诉我，市面上出现了一款新手机，就是专门为他这样的人设计的。这款手机的按键更大、屏幕更大，字母也可以在屏幕上放大。

这真是一件好事。不知是哪个产品开发者发现了一个空白市场，并且开发了相应的产品，这个产品只有一点让人难以理解：它配备了一个照相功能。哪怕开发人员只是做一个简单的测试，他们也会发现，盲人摄影师并不是很多，所以照相功能就是多余的，去掉照相功能会让厂家和购买者省不少钱。

这是一个严肃的问题，而且是一个文化问题。文化问题相当复杂，但你必须去面对。一般情况下，投资开发一款新产品不是基于详细的市场研究决定的，而是基于提案人的简报决定的。有时候，提案人甚至是管理层得知消息的唯一来源。

检查答案的 4 种方法

管理层没有理由完全依赖于提案人。我们会在后文中讨论，企业可以用很多方法来判断创新者的提案有没有经过客观的测试，比如以下 4 种。

公开评审。概述创新点子，分发给组织内尽可能多的人来评审。这样做有助于在早期阶段剔除坏点子、进一步完善好点子。

专人评审。每个组织都应该设立一个首席挑刺官（Chief Cynical Officer），他的工作就是为产品提案挑毛病。这样的人可能很难找到人共进午餐，但设立这个职位会为每个组织省很多钱。在很多组织中，财务人员就是挑刺的人，但他们普遍对产品知之甚少，并且很少与用户打交道。财务人员的知识基础限制了他们的能力，因此他们无法做到真正有效的挑刺。他们会对财务数据挑刺，但是缺乏相应的可信度和专业度来对产品挑刺。

外部反馈。在决定投资 1 000 万美元开发新产品前，委托一个外部研究团队进行试验。

试点测试（针对能产生经济效益的“点”）。试点是检验论点的一个绝佳方法，但这种方法通常会消耗一定的开发预算资金，所以并不常用。不过，也有简单的试点方法。20 世纪 60 年代后期，我在圣母大学（University of Notre Dame）读书，学校新建的赫斯伯格图书馆刚刚竣工。图书馆正式开放后，我发现了一件神奇的事情：图书馆四周种满了草，就像一片绿色的海洋，没有进去的路。时间一天天过去，学生不断进出图书馆，地面上就开始露出几条土路。进入春季后，混凝土车开动了起来，按照学生已经“标记”出来的路线开始铺路。没有人提前规划这些路线，它们都是学生自己踩出来的。但是，这一次简单的试点确保了这个“产品”完全符合用户的需求，而且没花一分钱。

以上这些做法都是在效仿科学方法，这样做并没有错。它们不仅简单明了，而且十分有效。我们通常都面对很大的压力，要开发新产品，并迅速将其推向市场；销售队伍需要冲业绩；公司需要战胜竞争对手，需要完成总部指派的“夸张的”业绩指标；即便是在较短的时间内，经济学家也在随时观察，以确保经营状况符合预期。在产品开发者的词典中，重新发布是最难看的词语。重新发布会消耗来年开发产品需要的所有资源，会用掉所有营销资金却只是告诉顾客“这一次”的产品没有问题，而且这种做法会有损开发者在市场中的可信度。最可怕的就是在发布会开场时说：“半年前销售的产品是一个败笔，所以我们现在推出了一款升级的新版本。”

“小洞不补，大洞吃苦。”这句格言依然适合贴在墙上作为警示。

第 3 章

行动不等于进步，改变不等于创新

我是在新泽西州长大的，那里与我现在所居住的明尼苏达州环境不同。大家说话都是直来直去，冲突就是生活的一部分。大家心里想什么，嘴里就说什么，从不拐弯抹角，而且说出来的话都很有意思。

当时，在我们的生活中，汽车总是我们关注的焦点，它是社会地位的重要象征。我们男生大多数时间都在谈论汽车，都认为自己是专家。有一天，我们乘坐公共汽车去学校的时候，有人提到了他刚买的新车，滔滔不绝地讲他要如何装饰这辆车。我记不起生产厂家和型号了，但这款车型很普通，绝对不会激起同龄人的嫉妒。他进一步描述了装饰的细节：皮质方向盘封套、全新落地式变速杆、锃亮的铬合金空气滤清器盖。当他说出最后一点时，后排传来了一个声音："只要是能动的车，盖子都是铬合金的。"仅此一句就够了，一语道破了所有玄机。他的新车其实和他之前那辆没什么区别，只是在外观上稍微有点变化，而且外观并不能掩盖或抵消汽车本身的不足。这和“给猪涂口红”是一个道理。

行动并不等于进步，改变也不等于创新。道理说出来谁都懂，但这些概念差别却经常被忽略。举例来说，丰田汽车公司理所应当为自己的产品感到自豪——丰田车品质可靠、价格合理、舒适安全，它是普通乘用车中的精品。我自己开的就是一辆丰田汽车，但我当年的那些伙伴并不认为它有多好，我之所以很喜欢丰田汽车，主要是因为它安全系数高，而且性能很稳定。除了所产汽车性能良好，丰田汽车公司在技术和设计上也是领先的创新者。树立了可靠的品牌形象后，丰田汽车公司似乎要在创新方面增加一些知名度。虽然丰田汽车公司有很多值得夸赞的地方，但是 2006 年 5 月在《新闻周刊》上看到关于这家公司的一则广告时，我还是有点吃惊。

这则广告一开始就指出，所有的丰田车都配备了出色的安全系统。紧接着，它提出了一个让人意想不到的问题：车辆在不发生事故时有多安全？事实上，我从来没想过这个问题，但这个问题本身就说明了一些问题。如果我在正常条件下开车时从来没考虑过自己的安全，那么丰田想通过这则广告告诉我什么？我又忽略了什么？很明显，我忽略了一个事物，那就是细菌。丰田在广告中介绍了新开发的空气电离器，这个设备会释放出正负离子，从而净化车内的空气。此外，丰田还宣称座椅采用了 Fraichir 面料，能防止皮肤干燥。

在美国，虽然人们的品味和兴趣多种多样，但是在我看来，除了迈克尔·杰克逊之外，很少有人会花很多时间考虑车内细菌的问题。我在家里安装了一台空气过滤器和一个离子净化系统，所以，我认为自己就是这个特征的目标用户，这样看来，我比一般人更加在乎抑制细菌的问题，但即使是我，看到这则广告时也觉得很疑惑。杰克逊可能会觉得这个特征很有吸引力，但我还是认为大多数人不愿意花钱去净化车内的细菌。同样，那种能防止皮肤干燥的座椅面料说不定会在别处派上用场，但对大多数人来说，这种面料不一定会改变产品体验。

丰田在这则广告中把这些特征称为创新。如果从丰田是首次（有充分的理由）把这些特征应用到汽车这个角度来说，这可能算是一种创新。但在我看来，这些特征只是改变，正如铬合金空气滤清器盖已经沿用了 40 年。这些特征为产品带来了一些改变，但它们并非能产生重大影响的改变。

改变的 3 种类型

我们如何区分改变和创新的不同之处呢？归根结底，我们区分不了。因为我们是产品的制造者，而不是购买者。只有用户才会告诉我们一个特征是创新还是改变。请不要误解我的意思。用户会为外观的改变埋单。铬合金空气滤清器盖是有美学意义的，人们愿意为汽车的“美”埋单。铬合金是一种创新，但是铬合金空气滤清器盖只是这种创新的实际应用。

用户通过自己对改变的反应就能告诉我们，这个改变是不是真正的创新。他们一眼就能分辨出真正的创新。这种改变在没有发布之前不是很明显，一旦发布，就会立刻引发用户的反应，这种反应的焦点是效用①，而不是外观，也不是新奇感。上述 3 个方面都很重要，每一个都代表了一种形式的改变，而且都可以成为创新型的改变，但是有用的改变才是真正的创新。

关于这个理念，用达尔文的逻辑就能加以解释——自然选择偏向于对物种有实用性的变异。羽毛鲜艳的鸟类看起来会很

① 在经济学中，效用是指消费者通过消费或享受闲暇等使自己的需求、欲望得到满足的一个度量。结合本书内容，这里所说的效用也有此意，并且与实用性有很大的关系。——编者注

漂亮，可鲜艳的羽毛非但没有实用性，反而会为夜间的捕食者提供便利，因此它就是效用的负面改变；而能更好地啄食植物种子的鸟喙形状，就是有实用性的改变。同样，大自然会包容生物体上有新奇感而没有实用性的特征，但是不会给予奖励。拥有颜色不同的眼睛很新奇，但是没有实用性，它不能帮助动物捕食、抵御捕食者，对繁殖也起不到什么作用。所以，大自然可能不会消除这种特征，但是也不会鼓励。

大自然倾向于包容许多外观上的改变，奖励真正的创新，惩罚绝无仅有的新奇事物（比如有些基因变异很难遗传）。市场也是如此，市场会奖励真正的创新，迅速淘汰时髦的新奇事物。在销售市场，外观会起到一定的作用，但其作用没有效用所起到的那么重要。你可以生产一款紫色的水龙头，但是这改变不了什么，除非你还增加了一些实用性特征。

鉴于区分这 3 种类型的改变是如此重要，我们花点时间分别讨论一下。

外观

改变外观可能是区分产品的最常见形式。回想一下水龙头的案例，你就会深有体会，整个行业的现状就是如此，大多数读者的关注点可能也在外观上。这种行为背后存在一定的逻辑。人人都有爱美之心，如果你认为自己的工作是营销，而不是创新，那么“美”就会起到一定的作用。如果改变产品的款式能获得一些市场份额，那么为此付出的成本就会很低。但是，你能以低成本获取市场份额，同行也可以，而且这场“水龙头大战”最终是没有赢家的。设计师重新设计了水龙头的外观，就表示各个品牌已经针对人们不同的品味开发了相应的产品，它们各自的市场份额又会回到原来的比例。

总而言之，“美”不会产生持久的作用。当产品开发开始涉及美学时，这个产品就没有什么生命力了。此时就要对组织做出调整，因为这个岗位的员工已经黔驴技穷了。不过，追求美感并没有什么错，产品应该能给人带来美的享受。苹果公司就是一个典范。它做出了一个又一个创新，随之也成为产品（外观）设计的王者。创新与设计是相辅相成的，在出色的设计中融入重要的产品创新，其作用几乎是无敌的。

实际上，设计是表达创新的一个途径。如果大家看到一种独特的设计，他们就会认为这是一款创新型产品的一部分。不过，设计本身就是一种循环往复的创新，往往在走了很长的路之后，却发现兜兜转转又回到了起点。

新奇感

新奇感是一个更加微妙的陷阱，它有时候的确能让人发出赞叹。假如此时此刻，就在丰田汽车的展厅里，一个准车主在销售人员向他介绍空气净化功能时说："哇哦，你们把什么都想到了！"实际上，他可能在想，"开着这辆车去上班的时候我就能炫耀一番了"。于是，他问销售人员："奥迪有空气净化装置吗？"但是，这位准车主真的能发现空气质量的变化吗？我认为不太可能。这就像他不太可能追踪记录自己近 10 年来患感冒的状况，并与上一个 10 年的状况做对比一样。如果这个准车主没有感染过禽流感病毒，就不太可能会说："配一个空气净化装置确实很明智。"他下一次去买车的时候，更不可能开口就说："我只想看有空气净化装置的车型。"

区分某种改变是拥有新奇感还是真正的创新，其实非常容易。最简单的测试方法就是，向别人展示这种改变，然后听一听他是否会说"很酷"，据此，你就能作出大体判断。一个"很酷"的产品通常设计得很巧妙，但是用处不大。人们会受到这一点的吸引，但是大多数人都不会购买。有一类人会买很酷的东西，他们就是早期的发烧友。你肯定知道这些人。他们的柜子里塞满了各种很酷的玩意，此外还有八轨磁带录音机和牛顿掌上电脑，这就说明这些玩意都是没用的。

一小部分人会购买很酷的产品，但是大多数人只会购买有实用性的产品，而且很少有人会重复购买很酷的产品。和外观一样，新奇感只能发挥短期作用，除非新奇感背后有潜在价值，能提升产品的效用。

“novelty”（新奇）这个词来源于拉丁文“novellus”，意思是“新的”或“之前没见过的”。根据其含义，你就能判断某个事物是否只是一个新奇的东西。营销人员是不是想把某款产品称为“新部件”或“新东西”？如果是的话，那是因为他们搞不清这款产品与之前的老产品有什么实质的区别，不知道这种改变有什么效用。如果营销人员都发现不了产品的实际益处，用户就更不用说了。

效用

我们可以把人们愿意购买的东西分为两类：有美的享受或有实用性。人们花钱购买产品，要么是出于某种实用目的，要么就是为了获得某种美感，而且在理想的情况下，鱼与熊掌可以兼得。人们购买窗帘是为了保护隐私，但人们关注的却是窗帘的颜色和款式；人们购买家具是为了坐卧，但在购买前会先测试舒适度，在同等的舒适度条件下，人们选择的是最好看的；人们购买一辆蓝色的汽车，是因为人们喜欢蓝色，但购买某个品牌的蓝色汽车，是因为人们认为它安全、性能可靠、特征多样且实用。**人们购买产品时可能会考虑外观，但是不会只考虑外观，效用才是第一考虑因素。**

我们有必要进一步分析一下汽车的案例，因为一般来说，汽车是人们购买的比较贵的产品，而且大家会花费相当大的精力选购。买车的目的是将其当作一种代步工具，因此人们的购买决定带有很强的实用目的。J. D. Power 公司联合《底特律新闻报》（*Detroit News*）进行了一项调查，结果发现，影响美国人购买美国汽车的因素共有 21 个，排名前 4 的因素是：

1. 可靠性和耐用性；
2. 工艺品质；
3. 保值率；
4. 油耗。

款式排在第七位，外观排在第九位。其中 19 个因素都与实用性有关，如安全性、价格合理性、配件更换方便程度等。这些因素都有很强的实用性，而且购买更低端车型的车主更看重实用目的。对大多数人来说，这些因素排名看起来是合理的，但是购买法拉利的车主可能有不同的看法。

人们购买汽车时首先选择的是品牌和车型，这两个因素都偏向实用性，因为在高度细分的汽车市场中，品牌和车型就代表特定的品质。目前，人们可能会根据美国《消费者报告》（*Consumer Reports*）杂志的评论或互联网上的研究来选择品牌和车型。《消费者报告》在评论中也许会提及某款车漂亮的外观，但更多地会关注其能否方便地安装儿童安全座椅，关注其故障率和油耗。一些独立的网站还有用户真实的评价，这些评价绝大部分都与实用因素有关，如油耗、操控性、故障率、经销商服务等，就连抱怨都和实用性有关。车主们可能会说，自己的车“很难买到配件”“装饰部件会掉”“杯座太小，放不下快餐店买的大杯饮料”。

所有这些实用性的信息都会帮助人们选择符合自己需求的品牌和车型。选择好品牌和车型后，就要选择相应的经销商。有机会的话，人们可能还会询问朋友和同事，听听他们的经验。人们想知道这个经销商的口碑如何，比如价位是否合理、交易是否公平、顾客是否容易得到优惠、经销商对自己的产品是否有信心、维修水平好不好，等等。到店之后，人们会挑选中意车型的颜色和特征。有些人更看重颜色，不太在意导航系统；有些人只注重导航系统，不在意颜色。所以，外观只在购买漏斗（buying funnel）的顶端发挥作用，而大多数购买决定注重产品的实用性因素。人们当然也希望有自己喜欢的颜色和其他款式特征。

有用的改变才是创新

以上这 3 点说明了什么？说明每一个产品创新点子都能从这 3 个方面去分析。**对一般的购买者来说，效用的价值最大，其次是外观（且在大多数情况下与效用的价值差距很大），新奇感排在最后。**在早期阶段，你就可以从这 3 个方面快速过滤创新点子，既有趣，又经济。你可以参考表 3-1 中的方法。请在每条陈述后面对这个产品打分，5 分表示非常同意，1 分表示不同意。

表 3-1　过滤创新点子的 3 个方面

	1	2	3	4	5
这款产品放在家里很好看（外观）					
这款产品和之前看到的都不一样（新奇感）					
总的来说，这款产品会改善我的生活（效用）					

如果 3 项都得 5 分，这个产品就是极棒的。如果第三项（效用）得了 1 分，那么其他两项得分再高，这个产品也是败笔。熔岩灯就是一个很好的例证。第一款熔岩灯大概是在 1959 年上市的。假设你正在一家百货公司的灯具部挑选床头

灯，你看见了这款熔岩灯，肯定就会在第一项打 5 分，甚至可能会在第二项也打 5 分，不过这取决于你的品味。但是，如果你想靠它来阅读，那么你可能会在第三项打一个很低的分数。所以，你不会把它买来当床头灯，而可能会买一盏熔岩灯放在客厅当装饰，再买另一盏灯放在床头供阅读使用。

当然，还有很多更加精细（和昂贵）的市场调研方式，但这种方法操作起来简单，只需要对产品进行描述或画一幅草图，就能达到目的。你不需要花很多钱，就能很快测试产品概念。这种方法类似于焦点小组访谈这种深入的研究活动，能让你掌握产品的细节并定位产品，但无法对产品概念本身进行有效验证。为什么？请看一个事例。

我想到过一个产品点子，而且觉得这款产品会引起轰动，改变整个行业。于是我们做了一套幻灯片，详细描述了这款产品，然后召集了两个焦点小组。主持人经验丰富，事先做了充分的准备。第一个焦点小组的访谈进行得出奇顺利，简直比切面包还容易。随后受访者问道："什么时候能购买？可以把这个消息告诉朋友吗？"当主持人要求他们用数字（1 ～ 10）给这个产品打分时，他们给出了 9 分，这是我们演示的所有产品中评分最高的。这次访谈结束后，我们立刻组织了第二个焦点小组，主持人没变，使用的是同样的脚本和演示流程。演示结束后，有一个人说他不喜欢某个特征，认为它是多余的。接下来整个小组的讨论就一直停留在这个话题上，其他什么也没讨论。最后他们给这个产品打了 3 分。但是，当主持人问他们这个产品能让效率提高多少时，答案中最低的是 10%。

我们现在明白了，一个只得了 3 分并且只能把效率提高 10% 的产品是没有市场的。但是，焦点小组访谈真的是一个没有焦点的研究方法。我们要在如此之短的时间内得知如此之多的信息，这本身就是一场巨大的冒险，就像这个事例一样，只见树木，不见森林，而我们关心的正是森林。

第二个焦点小组反馈的信息有利于确定产品的市场定位，但不能用来评估这款产品。然而，哪怕第一个焦点小组给出了不错的评价，这个产品概念最终也没有多大的实际价值。如果有 10 个人称赞你的产品概念，你当然会很高兴，但是这些人没有发现第二个小组发现的问题，所以，他们实际上没帮上什么忙。

如果这个产品概念是正确的，如果这个产品创新能带来实际效用，那么焦点小组反馈的信息就能启发你，你可以随后再进行研究。当然，你更想尽可能早、尽可能正确地提出这个产品概念，但如果你能让用户的效率提高 10%，那么很少有人会说："不了，谢谢，等产品完善了我再买。"

真正的创新能提升净效用

测试效用的关键是测试净效用（net utility）。如果你问用户“你觉得语音文字处理器有用吗”，答案很可能是“有用”。如果你换一种问法：“你觉得语音文字处理器有用吗？你需要花两小时阅读各种句子再输入处理器，这样它才能‘同步’你的声音和发音，这个过程会有1%的误差，所以你得花点心思重新阅读和编辑手稿。”那么，会发生什么呢？

很可能的结果就是这个产品无人问津。这类产品要想成功，就必须说明净效用如何优秀——比手动输入的效率明显提高。就语音识别软件而言，某些特定的用户群体可能会受益。比如，这类软件毫无疑问是肢体伤残人士的福音。再比如，有些人通过说话比通过书写表达得更好，哪怕这个程序不那么好用，对这些人来说也能起到很好的作用。但是放到普通市场上来说，一般的用户需要明确地知道这个语音识别软件有正向的净效用。

测试净效用有一个简单的初级办法，那就是描述用例。通过这个方法，你能把产品点子从抽象的设计环境带入具体的使用环境中。例如，你觉得人们会使用一种设备来读书，它是一种便携式的电子设备，你把它当作电子书。一个用户坐在飞机上，他面带微笑，手里拿着像纸一样薄的电子设备，正在用它读《战争与和平》。当你想到这个最终画面时，就觉得这是一个非常激动人心的点子。但是，当构思整个机制时，你就会发现这个产品概念涉及了很多维度：提供下载服务、制定版权保护措施、解决电池寿命的问题等。构思用例在产品设计的过程中有很大的作用，因为当你详细构思产品的使用场景时，就会开始发现哪些特征是多余的、哪些特征是需要添加的、产品的优点和缺点是什么。而且就优点而言，你会更加清楚地认识到，这些优点在用户的实际使用过程中会起什么样的作用。进入产品开发阶段后，这些信息就是非常宝贵的。

即使不进行市场研究，也有可能构思出一个成功的产品点子，但是不详细构思用例，就无法构思出这个产品。**当你站在用户的角度思考时，构思用例就是产品开发的第一步。**此时你会感受到用户的喜怒哀乐，这就是最重要的时刻。描述用例既简单，又不用花一分钱。你可以从身边找 3 个最挑剔的人（或者让首席挑刺官帮你找人），向他们描述这个产品真实的使用场景，讲解要尽可能详细，要让他们知道不同用户的使用情况，例如一个学生和一家公司的经理使用电子书的方式可能完全不同。在讲解的过程中要时刻留意，你是否开始感觉到你在说服自己。要让你的听众提问，而且你要诚实地回答。如果有条件的话，可以把这个过程录下来，一两天后回放录像，注意观察自己描述用例时的表现和听众的反应。他们看起来是不是一直彬彬有礼，却没有被说服？你看起来是对这个产品提案深信不疑，还是只顾把这个产品卖出去？听完自己的描述后，你会买这个产品吗？如果你能坦然地面对自己，而且能客观地评价这些反馈，那么你立刻就能判断出这是一个真正的新产品，还是只是一个新奇好看的东西。

接下来我就要介绍关键 2 了，此时有必要回顾一下关键问题 1——用户使用这个产品要完成什么任务，并审视一下净效用的重要性。我们在后文中主要讨论产品的任务这个概念，以及让用户强烈感觉到省时、高产、高效的重要性，还会详述这些产品概念的用途。

第 4 章

关键 2，列举使用产品的必经环节

在第 1 章中，我们讨论了产品功能和任务之间的区别。我们发现，**功能是指产品能做什么，任务是指用户使用这个产品做什么。所有真正的产品创新都发生在任务层面，因为是不是创新是由用户来评判的，而不是由技术部来评判的。**当然，优化功能也是一件好事。让水龙头使用时间更长、维修次数更少，就是一件好事。但在用户看来，这不是真正的创新。用户希望自己买到的产品有良好的功能，希望用这个产品高效地完成自己的任务，而不仅仅是完成这些任务。因为购买产品的是用户，所以他们关注的任务也就必须是你关注的焦点。

按照这个逻辑来分析，我们要做的第一步就是明确用户使用这个产品要完成什么任务。这个问题非常有用，要想创新，就必须回答这个问题。但是，就算回答了这个问题，你也不一定能做出创新。我们来看一个生活中常见的例子：汽车的创新。大多数家庭至少拥有一辆汽车，有的家庭甚至有好几辆，但是当你自问“用户使用这个产品要完成什么任务”时，就会发现答案不止一个。

汽车可能主要用于通勤，也可能用来接送孩子上下学、参加各种活动，还可能用来购物或办其他事。每一个用例都代表一组不同的任务，而且每组任务中都包含了产品创新点。产品开发人员要如何拨开层层迷雾，找到产品创新的最佳着力点？更具体地说，第一，你应该关注哪个任务？第二，更重要的是，找到这个任务后，你该怎么办？

第一个问题很容易回答：关注所有任务。用户花大价钱买了一辆车，这是他们应得的。如果有很多用户用汽车把冰块运到沙漠，那你就需要确保让汽车尽可能出色地完成这个任务，所以理论上来说，你要配备良好的制冷组件。如果用户使用汽车把一支篮球队送到体育馆，那么这就是你要考虑的任务，理论上，你可能需要把车顶加高一点儿，扩大一下前后排座椅间的距离。只可惜，实际情况和理论不相符。你无法为每一个用户定制汽车，你能做的就是识别一般用户的购车用途。但是，识别出了这些任务后该怎么办？这就是你接下来要做的事。

那些令人拍手叫绝的点子

与其只提问题，不如来看几个产品创新的案例，看看你能从中学到什么。第一个案例先从我祖母的厨房说起。

20 世纪 50 年代，我的祖母住在新泽西州泽西城，她的厨房里有 4 个亮点。第一，窗台上摆满了天竺葵等，一年四季都繁花盛开。第二，厨房中间有一台体型很大的圆形洗碗机，它看起来就像长了 4 条腿的酒桶，而且还附带了一个脱水机，这个脱水机与窗户外滑轮上的晾衣绳搭配在一起，就形成了一个“烘干机”。第三，我祖母本人，她的体型不仅小到可以轻松钻进洗碗机里，而且瘦到有可能挤进甩干机的空隙。第四,一台烤面包机。

这台烤面包机的外壳材质是铬合金，它闪闪发亮，看起来就像一块站立的楔形馅饼，下宽上窄。它的两侧各有一个盖板，你可以将其拉下来，把面包放进去，然后关上盖板，启动机器，过一两分钟再拉开盖板。此时，面包也会随之掉出来，你可以看一下朝上的那一面有没有烤好，如果烤好了，就把面包翻过来，再重复一遍前面的动作。加热管位于机器的中间，闪着红光，散发出来的一部分热量会由铬合金的面板反射到面包的另一面。我觉得这台烤面包机真的很不错，相比之下，我都有点嫌弃自己家里的那台烤面包机了——它是弹跳式的，我根本看不见烘烤的过程。我觉得自己烤面包的方式太无趣了。我祖母住的是老房子，但是后来生活条件好了，她也有了一台弹跳式烤面包机，我怀疑那是别人送给她的礼物。

第二个案例中的产品是电子过路卡。转眼就到了 20 世纪 60 年代，我拿到了汽车驾照，而且迅速学会了新泽西州所有司机都必须掌握的最重要经验：随身携带足够的硬币。花园州（新泽西州的别名）公路的名声向来不好，驾车从最北端一路南下只不过几千米，却要经过 5 个收费站。换零钱的窗口前面经常大排长龙，所以很多人就想提前准备好充足的零钱，从自助车道通过。此外，把硬币投进闸机，期盼闸杆瞬间抬起，然后以最快的速度穿过收费站，这也是一个很大的乐趣。

更让人受不了的是新泽西州的高速公路。驶入高速公路的时候你会拿到一张计费卡，驶出时就要出示这张卡，过路费是根据经过的出口数计算的，驶出时得计算费用、付钱找零。这个过程要花很长时间，所以，在一些重要的出口，排长队的情况司空见惯。现在情况就不同了，如果你有电子过路卡，就无须停车。这种过路卡就像一张借记卡，安装在汽车的挡风玻璃上，收费站的电脑在车辆经过时会自动检测和读取——不需要找零，不需要排队，也不需要浪费汽油。

让我们把时间再拨回到 1928 年。艾奥瓦州达文波特市有一个人准备前往密苏里州奇利科西市，目的是运送他新发明的一个产品：面包切片机。很多敢于尝鲜的人购买了这款机器，商店里的生意在两周内就增长了 20 倍。这个发明是一项伟大的创新，应该被称为“继切片面包后最棒的东西”。这位波特市市民完成了一项了不起的发明，他选择研究面包这个已经成为商品达几千年之久的产品，并基于它做出了创新，奇利科西市在切片面包日（7 月 7 日）庆祝了这件事。这绝对值得庆祝，因为很少有发明能对人们的日常生活产生如此重大的影响。

第三个案例中的场景发生在瑞士塔尔韦尔。2002 年，我刚搬进新办公室，窗外就是苏黎世湖和阿尔卑斯山的美景。不过，这美景也不是一直能看见。这座建筑的某处安装了一台电脑，它时刻都在监测办公室的进光量。只要这台电脑判断光线太刺眼而有可能影响工作，或者室内温度太高，它就会发出一道指令让铝合金百叶窗落下来，然后关闭（之所以以这种方式调节室内温度，是因为瑞士人认为空调有害健康而没人安装空调），这样就看不到窗外的美景了。

你现在大概知道我要说什么了，不过请让我再多举几个例子来说明我的观点。

第四个案例中的产品是洗衣粉。以前，汰渍洗衣粉就只是洗衣粉，如果你想漂白，就得从高乐氏（Clorox）购买漂白粉，洗衣服时把它们分别添加到洗衣机中。洗衣机厂商针对这个情况改良了洗衣机，你可以把洗衣粉和漂白粉放在两个不同的洗涤剂盒里，洗衣机会在合适的时间自动添加。后来汰渍洗衣粉中加入了漂白粉，所以你就不再需要自己动手添加漂白粉了。

但是，随着生活水平的提高，仅仅让衣服干净鲜艳是不够的，衣服穿在身上还得柔顺。所以，你又采取了老办法，在合适的时机添加柔顺剂。洗衣机厂商也很快改良了洗衣机，帮助你来完成这个步骤。请你猜一猜接下来发生了什么？汰渍洗衣粉中加入了当妮（Downy）柔顺剂。

第五个案例是，使用丙烷（液化石油气）做燃料的烧烤炉随处可见，但是燃气用完后，人们很难找到加气站重新加满。即使你能找到加气站，也还要让工作人员打开储气罐加满燃气，你付完钱后，要自己带着这个气罐回家。但是，像 Quick Tank 这样的公司提供了一种服务，你可以开车去任何一家便利店，放下空的气罐，拿走一罐充满气的气罐。

再来看一下第六个案例，然后我们就正式进入关键问题 2 的探讨。我把这个案例中的产品称为“自动充气轮胎”。我设想了各种各样的轮胎，它们的气门向内连接一根软管，软管另一头连接一个压缩气罐，发动机会带动气筒给这个气罐随时充气。这是一个绝妙的点子！这样的话，胎压就会始终保持在正常水平，轮胎的使用寿命会更长，车辆的油耗也会更低。如果某个轮胎漏气，这个供气系统就能检测出来并发出警告，驾驶的安全性也会随之提高。我当时觉得自己聪明绝顶，甚至无法用言语形容。我开始思考品牌名，以及找谁来投资。为了确保万无一失，我决定先上网查一查市场上是否已经有了这种产品。

结果你猜到了，这个点子已经被其他人实现了，那就是 Self-inflating Tire 技术。我依然认为这是一个很棒的点子，而且我多么希望是我先想到的。

关注效率，追求最大净效用

如果你想说："这些都是很好的创新案例，但是我能从中学到什么呢？"那么，请回顾一下这些案例，看看你能否发现它们之间的共性。这一步做起来不难，但是非常重要。我把这 6 个案例罗列出来，请花几分钟思考一下。

1. 弹跳式烤面包机；

2. 电子过路卡；

3. 自动百叶窗；

4. 添加了柔顺剂的汰渍洗衣粉；

5. Quick Tank 公司的气罐；

6. 自动充气轮胎。

你或许已经知道了答案，不过保险起见，我再重复一遍。每个产品创新都做了同一件事：减少了某项任务的步骤。弹跳式烤面包机同时烤两面，烤好后就会自动关闭。电子过路卡省去了麻烦的收费过程，能让车辆快速通行。自动百叶窗能遮挡刺眼的光线，让没有空调的办公室保持凉爽，这个过程不需要你做任何事。添加了柔顺剂的汰渍洗衣粉省去了手工量取、添加柔顺剂的步骤。Quick Tank 公司的气罐省去了加气的步骤。自动充气轮胎省去了前往维修站检查胎压、充气，再检查胎压、充气……如此重复操作直到胎压正常的这些步骤。

这样的案例不胜枚举。当我坐在自家厨房里写下这些案例的时候，我想到了一台内置除冰器的无霜冰箱、一口能自动清洗的炒锅、一台洗碗机、一台能自动萃取的意式浓缩咖啡机。说实话，我也能想到切片面包。“继切片面包后最棒的东西”这句话概括了一个创新者的目标：减少完成任务的实际工作量。减少工作量就代表效用，而且请记住，创新是围绕净效用展开的。接下来我们就开始谈关键问题 2：**当我知道了用户使用一个产品要完成什么任务后，我能减少完成这个任务的步骤吗？**

这个概念有一个前提假设，即每一个任务都包含多个步骤。这个假设可能并不总是对的，但大多数时候都是对的，前文已经列举了很多这样的例子。洗手有 9 步；使用万律网有 11 步，我们开发了“寻找打印”功能后，上述步骤减少到了 4 步。区分步骤与任务和区分任务与功能同样重要，所以花点时间系统地分析任务是值得的。当你能依靠直觉做出区分时，你就能在任何领域创新，因为具备这两种技能会让你成为一个创新者。在所有的创新者中，那些创意能力最强、产品知识最丰富、最了解用户的人最有可能做出颠覆性创新。但是，掌握这些分析技能对所有人都很重要。

接下来要分析的任务是挂一幅画。这个任务很常见，大多数家庭可能每年都会遇到。如果你新买了一幅画，那你就要把原来就有的画挂到别的地方；如果你重新粉刷了房间，那你就要把所有的画都再挂回去。这个过程令人很不愉快，因为你不仅需要搜集不常用的工具（榔头、钉子、铅笔、尺子），而且需要详细测算悬挂的位置和打孔的位置，还需要在不破坏墙面的前提下把钉子打入正确的孔里。

我们先列一个清单（见下列分项）来分析一下这个过程的步骤，然后再寻找创新的机会。罗列步骤清单会有很强的主观性，有的人可能会把“测量天花板到悬挂位置的高度并在墙上做标记”描述为一步，有的人可能会把这个过程描述为两步：“测量天花板到悬挂位置的高度”以及“在墙上做标记”。在当前这个条件下，第二种方法是正确的。每一步只有一个动词，每一个动词代表一个新步骤，每一个动词只有一个宾语。**动作就代表工作；减少了工作，就提高了效用。创新的目标是提高净效用，所以，创新就存在于动词之间。**

1. 找出铅笔；
2. 找出榔头；
3. 找出挂钩；
4. 找出尺子；
5. 大体确定水平位置；
6. 大体确定垂直位置；
7. 测量天花板与画顶部之间的高度；
8. 用这个数字减去画顶部到紧绷的金属线中间的长度；
9. 根据第 8 步计算的结果，在大体的水平位置以天花板为起点量出同样的长度；
10. 做一个标记；

11. 从一个参考点（比如一面墙）水平测量，确定精确的水平位置；
12. 做一个标记；
13. 从水平标记点开始，用尺子画一条水平线，与设想中的垂直线相交；
14. 从垂直标记点开始，用尺子画一条垂直线，与水平线相交；
15. 在两条线的相交点钉上挂钩；
16. 擦掉墙上的线条；
17. 把画挂上去；
18. 收好铅笔；
19. 收好榔头；
20. 收好尺子。

当然还有一个办法，你就用眼睛在墙上找一个位置，钉上挂钩，随便把画挂起来，然后回去接着看足球比赛。

从上面的例子中可以看出，挂一幅画有 20 步。这个工作量相当大，一定有很多人厌恶这项任务。但对你来说，这就是一座金矿，你看见的不是 20 个步骤，而是 20 个创新的机会！你发现了让用户高兴、让自己赚钱的机会！但是，你首先要在这 20 个机会中进行筛选，而且在这个过程中要时刻牢记以净效用为核心。此时，最大净效用就是“甜蜜点”——这套步骤工作量最小，实施起来最轻松。如果你找到了这个甜蜜点，减少了其中的步骤，那么你就能一边筛选，一边处理其他步骤。用户会关注最大的净效用收益。接下来，我们需要对此做一些解释。

评价净效用的两个维度

净效用存在于一个连续区内，这个连续区有两个维度：一个是用户获得的价值，另一个是用户在价格、学习时间、使用精力方面付出的成本。相比偶然性任务的成本，经常性任务的成本远没有那么重要。例如，人们几乎每天使用开罐器，一个月使用一次红酒开瓶器，所以人们在开罐器上的花费更多。但是，如果你喜欢喝红酒，很少使用开罐器，那么结果正好相反。

用来完成经常性任务的产品，对用户有很大的价值。所以，用户使用这些产品需要付出大量的学习成本。而完成偶然性任务的产品，成本就必须很低。但是，成本不仅包含价格，还包含容易学习和容易使用这两种特性。如果产品容易学习和容易使用，它的价格成本就还有降低的空间。

这样表述有些抽象，所以我们来看一个实例。完成开一瓶葡萄酒的任务涉及 3 个步骤：第一步，去掉瓶口的封套；第二步，旋入开瓶器；第三步，拔出酒塞。第一步比较烦琐，你必须拿一个酒刀刺入封套，然后沿着瓶口转一圈，割掉封套的上半部分，让圆环形的瓶口露出来。但是，你也可以用其他工具来完成第一步，这个工具就是切箔刀。你只需把它的卡口卡在瓶口旋转一下，就可以迅速去掉锡箔封套。在我看来，这个工具的制作成本在 1 美元左右，售价却在 8 ～ 10 美元。如果你每天晚上都要开一瓶红酒，这个价格就很划算；如果你每周开一瓶红酒，这个价格还是很划算；如果你一个月才开一瓶红酒，这个价格还划算吗？如果你每次使用的时候都要寻找并阅读使用说明书，或者要牢记哪面朝上，又或者要记住上次使用后放在了什么地方，这个价格肯定就不划算了。但是它的用法非常容易掌握，并且它本身方便使用，所以，它的成本实际很低，而且净效用很高。

我们通过图 4-1 来分析一下。位于左上角 B 区的产品效用很高、成本很低，你要让自己的产品处于这个区域。右下角的 D 区是一个雷区，这个区域的产品效用很低、成本很高。图中的对角线就是净效用的分界线。这条直线的左侧代表净效用增大，右侧代表净效用减小。你把自己的创新产品放在哪一侧，我们不得而知，但用户把这个产品放在哪一侧，就决定了你的产品能否成功。

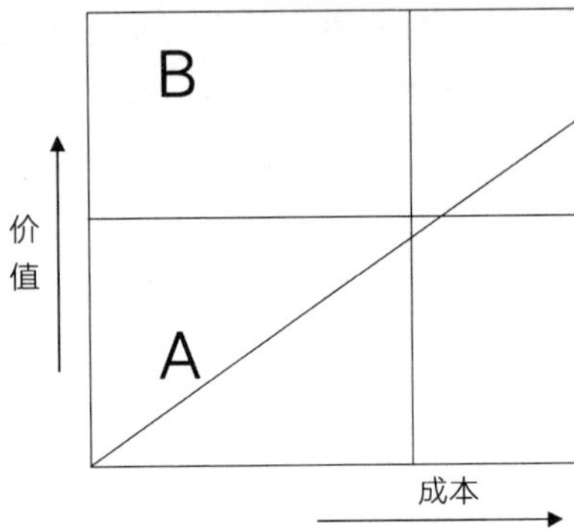

图 4-1　产品效用

重新发明挂钩

我们现在回过头对挂一幅画的步骤做一个分类，这样做有3个目的：第一，我们想找到可以被完全剔除的步骤；第二，我们想找到能被合并的步骤；第三，根据第一步和第二步的结果，我们想找到共同构成甜蜜点的要素——代表最大净效用的集合。这就是最值得你投入资金的地方，这个集合会孕育你的核心产品，但你并不会就此止步。

在此之前，请再回顾一下挂一幅画的步骤。回顾完后，你立刻就会发现，有些步骤根本无法剔除，比如第 15 步到第 17 步，它们必不可少。但你还会发现，有的步骤前面的动词是“找出”和“收好”，这就说明不同的物品放在不同的地方。如果这些物品都放在同一个地方，你就能把 7 步减少到 2 步。这你肯定能办到。你可以做一个小工具箱，把尺子、榔头、挂钩、铅笔和卷笔刀收纳在一起。

假设你已经制作了一个家用工具箱，这非常棒！但是剔除了 5 个步骤后，抛开无法剔除的步骤，请你再观察一下剩余的步骤，难点就在于测量划线。因为痛点不是找出和收好工具，而是准确测量，所以如果存在甜蜜点的话，它就隐藏在这些步骤中。一般情况下，完成测量任务需要两个人。如果你能以低成本剔除这些步骤，而且把相关工具纳入家用工具箱，你可能就创造出了一个重要的产品。

然而，你似乎无法重置或剔除测量的步骤。毕竟，位置才是这个任务的核心。所以，你无计可施了。果真如此吗？不，还有方法，请想想夏洛克·福尔摩斯。在《绿玉皇冠案》（*The Beryl Coronet*）一书中，这位逻辑大师说：“我经常说，排除了所有不可能的选项后，剩下的，无论看起来多么不可能，一定就是真相。”那么，借着福尔摩斯的指引，我们就来完成这个“不可能”（剔除测量）的过程。

实施的方法其实不止一个，在说出我的方法之前，我先给你一个提示：我们想要剔除测量的步骤，而不是放弃挂画。这就是说，我们还是想要把画挂在两扇窗户的正中间，画的中心位于成年人的视平线上，但我们不需要知道画的顶部和天花板之间的距离是 57 厘米，左右两侧距离窗户 109 厘米。在大多数情况下，精确测量距离和我们想要完成的任务没有什么关系，重要的只是相对位置。所以说，如果相对位置是唯一的要素，那么做法就非常简单了。请花几分钟时间思考一下整个过程。接下来，我会告诉你我的方法，这个方法不能说是唯一正确的，它只是可能的办法之一，使用这个方法后，你就会发现简化了多少步骤，从而创造了多少净效用。现在，请开始行动。

这是一个有趣的方法，如果你原本很讨厌挂画，你可能还会从中发现更多乐趣，因为你从这个方法中学到了一些东西。我们现在就来看一下这个示范方法，以及它是如何操作的。

请想象有这样一种工具：长约 60 厘米、宽约 5 厘米、厚约 2 厘米，有点像一把直尺，其两端都有一根长杆向外伸出。这个矩形工具的中心有 4 样东西：中心顶部边缘的位置是一个水准泡；水准泡下方是一个曲柄，用来移动长杆；矩形的底部是一个挂钩，挂钩上有一个孔，距离底部约 2 厘米，钉子就从挂钩的孔中穿过；中心的顶部是一个约 15 厘米长的滑杆（就像身高体重计上的滑杆一样）；两端向外伸出来的长杆，它们各自完全伸开的长度是 1.8 米，当你转动曲柄时，这两根长杆会同时向相反的方向移动。这个工具的大体构造如图 4-2 所示。

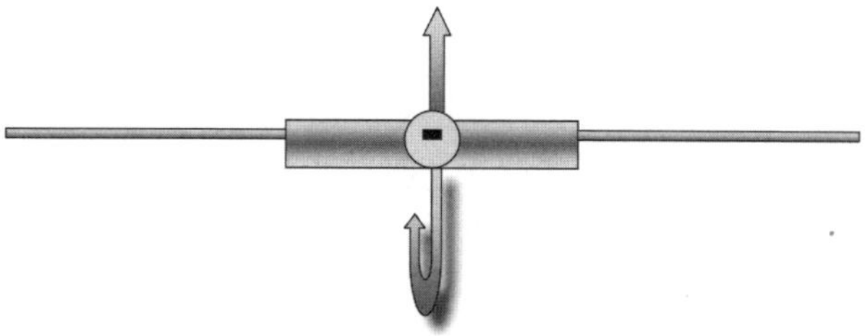

图 4-2　挂画工具

假设我把这个工具收进了家用工具箱里，挂画的时候，我需要完成以下步骤：

1. 找出便携工具箱；
2. 把画挂在挂钩上；
3. 调整滑杆，让它正好接触到画的顶部；
4. 把画拿掉；

5. 把这个工具靠在墙上，将滑杆的顶部调整到画顶部所在的位置，让这个工具大概位于两扇窗户的中间；
6. 用曲柄移动长杆，让两端同时接触到窗户的边缘，此时，没有经过任何测量，这幅画就位于中心位置；
7. 用一支铅笔穿过挂钩上的孔做一个标记；
8. 在标记处钉一颗钉子；
9. 把画挂上去；
10. 收好家用便携工具箱。

整个过程只有 10 个步骤，而且比测量方法要简单很多。我印象里它就是这样简单。但是，只有用户的印象才重要，所以我们不能确定它是否击中了用户的甜蜜点。[①] 但有一点很清楚，那就是总体的步骤减少了一半，操作起来也更简单。这个方法本身可能有点复杂，但是用户研究会告诉你答案。简而言之，在售价合理的前提下，从表面上看，这个工具产生了很大的净效用。如果市场认可了这个评价，那么我们就在从中世纪延续下来的任务中做出了创新。说实话，它不像切片面包那样影响巨大，但也不容忽视。

① 我在网上搜索过类似的产品，想了解一下用户的评价，但一无所获。出现这种结果的原因可能有两个：一是，这是一个致富的机会；二是，这其实不是一个好主意，已经有人尝试过并发现了某些弊端。

在继续讨论之前，我们应该回顾一下本章的内容，其中包含大量重要的信息：

- 第一步，识别一个产品真正的使用任务；
- 第二步，必须把这些任务分解成一个个连续的步骤——一个动词代表一个步骤，一个宾语前只有一个动词；
- 第三步，要分析这些步骤，寻找可以剔除或合并的步骤，尤其要以用户净效用最大化为出发点寻找应剔除的步骤；
- 第四步，分析完成后，就要挑选甜蜜点步骤，想办法把它们剔除或合并；
- 第五步，在市场上验证我们的概念，确保市场能从这个创新中发现大的净效用。如果市场反馈良好，就可以准备开始生产这个新产品了。

创新练习

打造一个新包装

我实在不擅长包装礼物。假如圣诞树下堆满了礼物，且这些已经包装好的礼物上没有任何标签，我觉得任何一个亲戚只要随便看一眼，就知道哪个是我包装的了——胶带缠了一层又一层，奇形怪状，毛毛糙糙，上面还贴了一张便利贴。所以我需要一个人来帮我，这个人就是你。我想请你告诉我一个包装礼物的方法，要简单，而且要让我比现在包得好看。为了让这个任务简单一点，我告诉你，我送的礼物一般都是书，而且只有两类书——正常尺寸的精装书和平装书，这种平装书的尺寸比精装书小一点，但是比一般的平装书要大。

第一步，你要先罗列包装一本书的步骤；第二步，确定你想合并或剔除的几个步骤；第三步，你要考虑这两类书的不同尺寸，也要考虑这两类书各自在尺寸上与一般书的轻微差异。你发明的这个产品只能在书店销售。

请不要自欺欺人，不要做出一个好看的书盒之类的东西，然后把书装进去。这类东西现在就能买到。你的任务是用非传统的方法来实现传统包书方法的结果，而且一定要牢记净效用这个概念。如果需要用一本说明手册来解释这个流程，可能就不会有太多人愿意为此埋单。因为用户本来就知道包书的老方法，所以他们不太可能再去读一本手册来了解如何用新方法包书。

第 5 章

找到全部必经环节的两个途径

关键 2 本身就提出了一个重要的观点：任务比功能更重要，一项任务可以分解为几个步骤，并且这几个步骤是可以合并或剔除的。假设你认可了这个观点，那么你要如何实施呢？

解决这个问题有两种途径：流程导向和文化导向。我偏向于文化导向（稍后会解释这个术语），但我认为流程导向也有一定的魅力。应该选用哪种途径还没有定论，二者都有充分的理由获得支持，你可以自己选择。在分析流程时，千万不要把它局限在“通过流程创新”这种概念上，因为它实际的意思就是：人可以创造一种流程，以某种机械化的方式做出创新；可以制造一种谁都可以用的创新“机器”，自动生产出好用的新产品。在我看来，“即使剔除人的因素也依然可以做出创新”这种观点就是幻想。

人们很容易把“通过流程创新”这种虚幻的概念与“通过组织结构创新”混淆。对于后者，我认为需要稍加说明。建立一种可以培育创新的组织是有可能的，实际上，我们会在第10章讨论这个主题。

这里存在一个陷阱：否定“通过流程创新”看起来就像是否定“创新的方法”。这种看法也是错误的。**本书中提及的方法就为产品创新提供了一个途径。无论是文化导向型企业，还是流程导向型企业，这个方法都能发挥作用，而且这两类企业都能做出创新。**但是，这两类企业如何对待创新、是否都能做出重大创新，这是一个值得深思的问题。企业的组织结构和运营方式既可以促进创新，也可以抑制创新。了解了这些区别后，我们先来分析一下途径1——流程导向。

途径1，流程导向

管理的目标始终都是将组织系统化。这就是为什么人们把这种方式称为“管理”，而不是“监督”或者其他非行动导向的词语。管理者是通过流程来实现管理工作的。管理者无法时刻盯着每一个人，所以他们每周要召开员工例会，要求员工提交月度报告、建立行为规范、制定个人目标等。如果你管理的是一家工厂，或者带领了一支销售团队，那么这些方法都会发挥作用，但是，如果涉及创新，这些方法还适用吗？

下面这条不知出处的管理格言说明了一个基本问题：

尽职的员工都有一个明确的工作目标，即在问题发生前作出预判、全面分析各种情况、准备好应对策略，在问题发生后快速解决。不过，当你被一群鳄鱼包围时，很难记得最初的目标是抽干沼泽里的水。

一个人越是埋头于日常的报告、预算、计划、会议和其他结构性活动，就越没有时间和精力投入出于直觉和思考的创新活动。如此一来，他就失去了关注未来的能力，因为当下的事情对他来说已经是一个很大的负担了。

有人说，行动推动计划。我参与过的最成功的项目做出创新时，公司正处在销售和管理的调整期。公司的正常活动因此陷入停滞状态，但好事就在此时发生。在这段时期内，公司临时组建了一个团队，来解决一个棘手的问题，并且找到了颠覆性的解决方法。几年后，有人把这个项目当作创新案例，邀请参加过这个项目的一位同事做了一场演讲。这位同事介绍了当时的工作环境后真诚地说，他从那段经历中唯一学到的是：如果你想创新，就把一群聪明的人聚在一起，但不要给他们太多的事情做。

这个理论不太可能受到注重成本的管理者的青睐。他们寻求的是可以激发创新的流程，有特定可分配的资源和可衡量的产出，而且要在一定的期限内，以特定的格式、用恰当的幻灯片模板演示创新提案。

尽管这让我很痛苦，尽管我们之前提到的“行动推动计划”的概念和这位同事的观点相抵触，但是，通过流程来创新这个方法还是有很多可取之处的，而且本书中提及的方法也能在这种环境中应用。我们先来看一下这个方法的实施过程，然后再分析其优点和缺点。

在流程导向型企业中，每条产品线都有创新的目标。大多数人都很熟悉这个方法，3M 公司和宝洁公司采用的就是这个方法，它们会根据新产品创造的营收来设定目标。实际上，所有企业都在这样做，只是有时候没意识到而已。这些企业在做规划的时候，就会分析第二年的总体营收目标，计算出通过提高现有产品销售额、收购和提价能完成多少，然后从当年的营收目标中减去这些数额，剩余的部分就必须靠新产品来完成。

首先，这条产品线的管理层会创造一个构思流程来创造新点子。本书中提及的方法对此会有帮助，而且应该能让你有所收效。其次，他们会创造一个筛选流程来筛选构思出来的创新概念。这个过程一般会有更高级别的管理人员参与，他们的任务是设定业绩指标、选定项目、确定项目的优先顺序。但这种流程有可能会拉低创新水平，最后找到的是一个最低标准。原因有以下几点。

第一，流程导向的文化本身是厌恶风险的。加入流程是为了系统化、减少可变因素、控制风险和消除不确定性。当我们说“跳出思维框架”时，这个框架就是流程本身。微观管理者开始谈论“跳出思维框架”时，就该有人站起来说：“我们遇到了敌人，这个敌人就是我们自己。”

第二，这种流程的中心目标是短期营收。管理层考虑的首要问题是：“我们该如何以最经济的方式完成明年的营收目标，同时让老板知道我们靠得住（并拿到奖金）？”管理层如果抱着这种想法，就最有可能遵循渐进式创新的思路。如果前一年推出了一个新系列的纯金属水龙头，创造了 100 万美元的收入，那么这一年就应该推出一系列色彩柔和的水龙头。如果圆形烤面包机在 2006 年的销量很好，2007 年就推出一款圆形的百吉饼烤炉。当“故技重施”在前一年赚了钱的时候，没有人会对此提出异议。

但是，“故技重施”有时候会变成自我嘲弄。你看一下剃须刀的例子就明白了。有一句老话说，你卖的不是剃须刀，而是刀片，因为利润来自持续销售刀片，而不是初次销售剃须刀。制造商在一个商品生意中争夺市场份额的时候陷入了两难的境地，你可能认为这种处境会成为创新的温床，但是从过去的情况来看，剃须刀厂商的“创新”万变不离其宗。第一代剃须刀有 2 个刀片，看起来很有趣。第二代就变成了 3 个刀片，但它依然是一个需要换刀片的产品。等到剃须刀有 4 个刀片时，大家就开始觉得好笑了。现在的剃须刀有 5 个刀片（其中包含一个“修容”刀片，但它太大，刮不到不平整的位置），此时你也许会很好奇，这些制造商能不能有点新意，他们到底明不明白，他们现在销售的是一个达到创新“饱和”的产品，产品之间是靠价格竞争的。有时你需要认清这一点，就像弗洛伊德所言：“有时候雪茄只是雪茄。”如果无法从根本上改变产品，你就要换一个思路了。

关键 3 讨论了“换一个思路”的问题，而当下的问题是，在一个以短期营收需求为先的环境中如何创新。产品开发是为一年之后做准备，掌权者只愿意在有把握的事情上“赌”一把。要回答这个问题，就要向用户寻求帮助。如果你正确回答了关键问题 1，通过细致的分析对关键 2 做出了反应并简化了步骤，而且减少的步骤正好击中了甜蜜点，那你就有了产生高净效用的命题。情况若真是如此，即便这个产品还只是一个模型，用户也会为之兴奋。用户不需要营销手段来说服，也不需要电话销售费尽口舌，他们只需试用这个产品即可。

如果你能说明用户对这个产品有强烈的购买意愿，那你应该就能让管理层接受这个产品提案。如果用户非常想购买这个产品，但管理层提供不了相应的资金，也就没希望生产这个产品了。如果公司的销售或（和）管理存在欠缺，事情就完全没希望了。在任何情况下，公司无视用户对某个产品的强烈需求就等于失去了用户，在这种环境中，公司也不会有什么作为，因为没有什么比改变文化更难。这就涉及我们接下来要讨论的途径 2——文化导向。

途径 2，文化导向

我们将在后续章节深入讨论如何通过优化组织来进行创新，并详细讨论如何培养一种创新文化。**这部分内容侧重于解释，在创新过程中，文化导向为什么比流程导向影响更大、产出更高。**在流程导向的创新中，创新只是整体规划的一个环节。

这方面内容主要针对的是大型组织，小型组织不存在这样的问题。所有大型组织都会功能失调，并且功能失调的组织各有各的失调之处，明白这一点很重要。这些组织的结构必然错综复杂，每一个交叉节点就是一个潜在的失调点。交叉节点越多，就越容易失调。这可不是信口雌黄，而是一道客观的算术题。

这就是说，管理层有时无法进行管理，优秀的管理者都清楚这一点。管理层无法指导数千人的日常活动，当管理层既想鼓励员工提出好点子，又想让员工执行公司政策时，这种情况就更明显了。所以，管理层能做的就是提供金钱奖励和情感激励，让员工有更好的职业发展。管理层可以聘用创新型人才、奖励创新，也可以把创新作为公司的重要理念。

管理层还可以选择不这么做，并且释放出含蓄的信号——创新对管理层来说不重要。管理层可以奖励执行力，从而释放出一种相反的信号——发挥日常职能比创新更重要。而且，如果你认为自己的业务始终会处在买卖商品的层面，这就是一个非常合理的策略，我在介绍关键 3 时会讲到。如此一来，你的主要目标就是高效执行，因为你是靠价格竞争的，所以必须压低成本来保证利润。

文化的涉及面相当广泛：

- 文化会创造一种积极合作的环境，在这个环境中，员工充满创新的动力，同事之间会相互学习。流程导向更像是一种“指令—控制”模式，这是一种消极的模式，无法培育创新。
- 文化要求参与产品创新的是全体员工，而不是仅仅从产品开发部选出的几个人。如此一来，有创新天赋的人无论任职于哪个部门，都会脱颖而出。文化创造了一种筛选人才的环境，比任何入职测试都更有效。
- 文化是自我维持的。文化可以自我发展，它不需要管理，只需要引导。
- 文化会创造更多超出需求的点子。如此一来，偏爱流程导向的人就可以从多余的点子中进行筛选，完成当年的考核目标。这就表示，文化既能实现短期需求，也能实现长期需求。
- 文化能激发人们创造出更大胆的点子。创新者可以跳出现实的束缚，研究高风险 / 高回报的概念。

可以这么说，建立了创新文化的公司有可能成为创新最多最好的公司。宝洁公司、3M 公司、联邦快递、丰田汽车公司、乐柏美（Rubbermaid）公司以及其他创新型公司并非每年都会成为创新中心，因为它们有完善的项目审查流程。它们之所以有所创新，是因为公司关注创新、管理层关注创新、员工关注创新。这在流程导向的环境中是不存在的。在流程导向的环境中，公司的首要目标是遵守流程，完成指标，使用正确的模板，“玩数字游戏”来得到“正确”的结果。

当然，也有折中的方法。公司可以针对普通产品和完全创新的产品制定不同的策略。比如，可以为高风险 / 高回报的项目拨付专项资金，针对年度新品需求设计一种结构，针对长期颠覆性产品创新设计另一种结构。但如果采取这种办法，长期项目就会面临被砍掉或缺乏资金的问题，而当短期收益因此降低时，关注并投资长期项目就需要很强的自制力和巨大的勇气。如果做不到这一点，情况只会更加恶化。

如果不需要占用下一年产品开发的正常资金，这种双线并行的方法就可以把产品开发提高一个水平，但是它对加强创新环境没有多大帮助。所以，这种方法可能会让批准大胆的想法变得容易，但它本身并不会孕育出大胆的想法。

创新通常都是大胆的。创新不是扩大产量，不是扩充产品线，不是粉饰外表，它是想象力的飞跃。在关键 3 中，你会明白在某个任务上的大胆创新只是颠覆式创新的一块垫脚石。

第 6 章

关键 3，将使用流程简化到极致

为用户创造全新的体验

关键问题 3 也许是最能产生回报的问题，在进入这个问题之前，我们先来回顾一下前两个关键问题：

- 关键问题 1，用户使用这个产品要完成什么任务？
- 关键问题 2，当我知道了用户使用一个产品要完成什么任务后，我能减少完成这个任务的步骤吗？

回答了这两个问题后，关注点就从产品的功能转移到了产品的用途上。产品的功能与用户的任务匹配后，它执行这个任务的效率就是最高的。此外，你还能要求什么呢？你没有完全满足用户的期望吗？你已经满足了用户的期望，这一点毋庸置疑。如果你正确回答了前两个关键问题并贯彻执行，用户可能就会对产品非常满意甚至产生深刻的印象。这当然是一个理想的结果，但这还不足以让你的产品保持领先。**要想保持领先，就不仅要让用户对产品印象深刻，而且要让他们感到惊喜，为此我们就需要再做一件事：为用户创造前所未有的体验。**这才是首要的工作。竞争对手时刻关注着你的一举一动，除非你能为一些概念申请专利，否则他们不用创造任何新点子，就能对你紧追不舍。最终，当这个产品进入商品层面时，他们就会和你旗鼓相当。

此时，关键问题 3 就变得很重要。我们认为，你完全有可能摆脱商品层面的束缚，向前飞跃一步，逃脱竞争的桎梏。关键问题 3 会将你带向何处，看了下面这个关于产品点子类型的案例后，你可能就会明白了。

你刚走下飞机，机舱里像往常一样拥挤，令人难受。接着，你等了很长时间才拿到行李。出了航站楼后，你还需要排队等着乘坐出租车去酒店，出租车在拥挤的车流中艰难地把你送到了酒店。进入酒店大堂后，你看到了什么？你到达的时间真巧，前面有 20 个人在排队办理入住手续。1 小时后，你要参加一场会议，紧接着要参加一场晚宴，第二天早上还要乘坐另一趟航班返回。此时，你只想要 30 分钟来安静一下，但眼前的队伍像蜗牛一样移动缓慢。你的一天就要这样浪费了。忽然，你看见了一个东西。

酒店大堂内有一台可以办理入住手续的自助终端。你迅速跑过去，插入了信用卡。屏幕上显示出你的姓名，而且在几秒钟之内，房卡就出现在了你的眼前。你感到无比舒心，对这个酒店产生了另一种好感。你今天第一次露出笑容。紧接着，你发现自助终端的屏幕上有一条新信息在闪动。阅读了这条信息后，你的微笑变成了咧着嘴笑，甚至还伴随着咯咯的笑声。你在这台自助终端前又逗留了一会儿，然后走进了房间，而且心想，以后只住这个品牌的酒店。

自助终端的屏幕上出现了什么信息，能让你产生这样的反应？你是酒店的第 100 万名顾客，所以酒店奖励了你 100 万美元？你的房间升级成了总统套房？都不是，屏幕上的信息内容是："我们得知您明天早上要离店，您明天要乘坐飞机吗？"如果你选择"是"，就可以登录主要航空公司的在线值机网站，然后打印出登机牌。这台自助终端完全超出了你的预期，因为它不仅出色地帮助你完成了当前入住酒店的任务，还发现了一项你可能需要完成的邻近任务，并且帮助你完成了它。在你看来，这个过程严丝合缝，帮助你节省了时间、减少了焦虑。

这个场景引导我们进入了关键问题 3：**用户使用了我的产品后，接下来要完成什么任务？**这个问题的重要性体现在两方面：

- 它会引导你想出超出用户预期的产品点子；
- 它会引导你开发新的产品线，从而把业务拓展到新领域。

你不但可以依靠核心产品赢得用户，而且可以打造更多新产品，获得新用户。

有一点请不要忘记，任务有别于步骤，区分它们看起来有点棘手，却很重要。在关键 2 中，我们花了大量时间把一项任务分解为不同的步骤。一般来说，步骤本身并不起作用。当一个人需要挂一幅画时，他不会说："我完成了测量的任务，现在我可以休息一天了。"原本的任务（目标、最终状态）是挂好那幅画，画挂好了，任务就完成了，而完成测量并不是完成了任务，只是完成了其中一个必要的步骤。区分步骤和任务十分重要。用户想高效地完成任务，所以就会要求减少步骤。

另外，用户不大可能把不同的任务联系在一起，哪怕这些任务经常是一个接一个的。在我看来，今天入住酒店、明天乘坐飞机离开在我的行程中是连续的两步，但坦白地说，我并没有期望别人帮助我把这两个任务联系起来。所以，当有人帮助用户把看起来没有关系的任务联系起来时，用户不仅会感到开心，而且会惊讶和兴奋，这是自然反应。

我们再来看一些案例以加深理解。

1. 酒店大堂的自助终端前发生的故事你已经知道了。办理入住手续和打印登机牌这两个任务本身并没有关系，但这台自助终端把它们联系在了一起。当你体验到这种联系时，就会深有感触，而且它总是与你息息相关。你之所以没有把这两个任务本身联系在一起，是因为它们是完全不同的任务，但它们有时间上的联系。在酒店只住一晚，就很有可能第二天离开，而且很有可能乘坐飞机。

2. 微软公司做了一些非常明智的事情，这些事情深度融入了人们的生活，人们有时甚至习以为常到忽略了它们的存在。比如，很多 Office 办公软件产品中添加了“发送到”的功能。之前人们写完一个 Word 文档后，要关闭这个文档，打开 Outlook 软件，依次点击“新邮件”“附件”“浏览”才能找到刚才完成的 Word 文档，再将其添加到邮件中。有了“发送到”这个功能后，用户只需点击一下鼠标即可发送相关文档，这样既减少了步骤，又把分散的任务联系到了一起。

3. 和面机已经存在了很长时间，烤箱也存在了很长时间。但面包机把和面与烤面包这两个任务合并成了一个，从而引发了一波商业热潮。面包机于 1987 年问世后，第一年的销量就超过了 100 万台，而且每台售价高达几百美元。取一块揉好的面团放进烤盘里，然后把烤盘放进烤箱，这并不是一项多么困难的任务，但是面包机把和面的任务与烘焙的任务整合在了一起，第一年就创造了数亿美元的销售收入。而且，这仅仅是一个开始。亚马逊网站上有 186 种针对面包机的烹饪书籍、112 种面包机。当地的杂货店里可能还有二三十种为这种机器生产的面包预拌粉。面包机现在是一个大体量的生意，而它只不过是把两种看起来分散的任务整合成了一个。

4. 众所周知，咖啡生意现在很赚钱。我办公室所在的写字楼内有一家驯鹿咖啡，它是该品牌在美国销量最大的门店。但是，在距离门店入口不到 10 米的地方，我们公司也提供免费的咖啡。驯鹿咖啡门口排队的人摩肩接踵，但从来没有人排队喝我们公司的免费咖啡。对高品质（至少是高价格）咖啡的崇尚之风开始蔓延进了家庭厨房。从 20 世纪 80 年代开始，咖啡豆研磨机就普遍出现在厨具店里。到了 90 年代，美国的家电商场开始销售意式浓缩咖啡机。后来，这两种机器合二为一，有数十种意式浓缩咖啡机都可以研磨咖啡豆，而且可以精确地在粉碗中定量添加咖啡粉。许多咖啡机还可以进行自动萃取，因为剔除了萃取咖啡中的一个步骤，所以这个创新属于关键 2 的创新。

5. 你有时需要把东西装进箱子里保存，有时需要把东西装进箱子里邮递。如果你想邮递，就要完成两个任务：打包和邮寄。打包时你需要先找到一个箱子、打包的物料和胶带，再回到家里把东西打包好，贴上标签。然后你必须再次出门去邮局邮寄这个包裹。但是 UPS 国际快递公司的邮寄驿站（Mail Boxes Etc.）把这两个任务连接到了一起。你可以把需要邮递的东西带到驿站，再购买箱子和物料来当场打包或者让店员帮你打包，然后让他们帮你送到邮局或使用 UPS 快递。第一家邮寄驿站于 1980 年开业，现在网点已有 5 600 多个。它们的作用就是把打包和邮递这两个任务连接在一起。

6. 有一个人走进 CVS 药店，他发着高烧，想尽快找到非处方退烧药以缓解病情。但是走进药店时，他看到了一家“一分钟诊所”（Minute Clinic），每家 CVS 药店里都有这种诊所。坐诊的是一名执业药师，他有权开特定的处方药。于是这个顾客经面诊后从这位执业药师处拿到了一个处方，上面开的是强效抗生素，可以治疗他的病症。他拿着处方去柜台取了药。这个顾客原本是想买可以缓解症状的非处方药，而在抗生素发挥药效前，这个顾客也有可能会买非处方药来缓解症状。但相比于只是缓解症状，如今他已经开始治疗这个疾病，而且在短短几分钟之内就完成了买药这个任务。他在一个地方同时完成了预想中的两个不同的任务，对此感到非常高兴。

7. 在过去 25 年的时间里，有一项十分成功并广受关注的创新产品，它就是便利贴。人们有时会写一张不需要保密的便条——这是第一个任务，然后再把它粘在某个人的桌子上，或者放在文件夹内，抑或装进信封里——这是第二个任务。便条除了是一个标记或提醒，必须放在显眼的位置，还通常需要用透明胶带之类的东西固定在某处。① 便利贴把书写便条的任务与粘贴便条的任务整合成了一个。

8. 假设你正在修剪草坪。以前，在这个任务之后还有一项费力的任务——把剪下来的杂草扫到一起，装进袋子里。但是现在，你的剪草机后面有一个袋子，专门收集剪下来的杂草，而且会直接装好，等待丢弃。

9. 你和朋友一起去吃晚餐，你开了一瓶葡萄酒。你在瓶口插了一个防止滴落的倒酒片。饭后，还剩了半瓶酒，你需要重新塞好酒塞。所以，你取下倒酒片放在一边，将酒塞重新塞进瓶口。但是，Velvet 牌“倒酒片 / 酒塞”这个产品可以出色地完成这两个任务。

---

① 这里隐含了一个有趣的问题：3M 公司既制造透明胶带，也制造便利贴，那么，后者的成功是否侵蚀了前者的销量呢？我的胶带几乎一年没有用过了，而在这一年里，我已经用了好几包便利贴。

全新体验的 3 个特点

请注意，这些案例说明了任务的一些特点。

第一，任务之间是连续的。也就是说，完成了第一个任务就很有可能进行第二个任务，而且间隔时间很短。任务的连续性可以是功能性连续，也可以是暂时性连续。功能性连续是指两个任务之间有一定的关系，并且先后开展，面包机和意式浓缩咖啡机就属于这个类型。暂时性连续是指两个任务看起来是互相独立的，但实际上一个任务通常伴随着另一个任务，自助终端、倒酒片 / 酒塞、“一分钟诊所”都属于这个类型。

第二，任务之间是弱连接的。你不一定非要从 CVS 药店买药；不一定非用面包机烤面包，也可以用烤箱；不一定要把文档发送到 Outlook，也可以直接使用 Outlook 或其他邮箱软件新建邮件，再把这个文档添加上去；不一定非要从邮寄驿站购买快递箱，你也可以在家打包好，驿站依然会帮你邮递。但是，选择连续的路径进行起来会更容易。

弱连接是一个非常重要的概念。人们开发产品时会自然倾向于让它无所不能，然而，这样的产品不会有市场。有人对此做了一个非常有趣的研究，结果表明，人们购买某个产品是出于它的可用性，这就是说，用户面对 5 种不同的录像机，会倾向于购买功能最多的。但是，产品满意度是建立在可用性基础之上的。用户对“无所不能”的产品通常会感到失望，因为他们发现这种产品太难用了。大多数情况下，令这种产品变得极具吸引力的众多功能的使用方法都很难学会，而且人们即使学会了也很难记住。所以，用户要么不使用这种产品，要么就只使用其个别功能，或者另外买一个简化的版本。

产品变得复杂，是因为它只针对一个主要的任务（比如播放 VHS 录像带）做优化，而其他功能不合理地附着在这个产品上。我们来看一个实例。约翰买了一台录放机，他想完成的主要任务是播放录像带，但他偶尔想要刻录节目，把录像带送给朋友。为了达到这个目的，他主要有两个选择。第一个选择是，他可以购买一台录像机，需要刻录的时候就把它调试好。但是，约翰可能会觉得这个机器很难操作，会很不耐烦，因为录放机的制造商把大部分研发精力都放在了播放录像带这个主要任务上。第二个选择是，他可以购买一台数字视频录像机。这类产品针对录像做了优化，所以完成录制的任务就很简单，但节目没被直接刻录到 VHS 录像带上，而且这种机器不能播放录像带。要解决这个问题，他就要买两台机器：一台播放并刻录 VHS 录像带，另一台直接从电视上捕捉画面。这两台机器的弱连接就是在录像机上增加一个功能，即“发送到录放机”，这样的话，只需用一根数据线把两台机器连接起来，就找到了完成这两个任务的最佳方法，它把复杂性降到了最低。归根结底，它还是与净效用这个概念有关。

第三，在大多数情况下，任务之间是相互作用的。如果每个任务都能被人们很好地独立完成，人们就会有很大的冲动把它们结合起来，从而获得更加便利的一系列解决方法，哪怕其中一个任务有其他更好的完成方式。如果我的面包机把面和得很好，而且烤得也很好（虽然不像烤箱那么好），那么便利因素通常就会超越完美因素。有时我可能想烤一个较厚的饼底，而面包机做不到这一点，那么我只需手工和面，用烤箱烤就可以了。因为这二者之间是弱连接，所以我可以这样做。但是，当这两项任务都能被出色地完成时，即便它们之间是弱连接，用户也愿意花高价来获得弱连接带来的便利。如果我不用去办公用品店购买箱子和打包物料，只需要在邮寄驿站花 20 美分就能打包邮寄，那么我当然会出于便利因素选择在邮寄驿站完成这些事情。

连续性、弱连接和相互作用有别于传统的“工具”，它们形成了一种全新的产品开发思路。开发工具时，人们主要针对的是单一的任务优化。你把不同的任务恰当地联系起来后，就能创造工作流程解决方案，这既能提高用户的工作效率，也能强化你与用户之间的关系。

微软的 Office 办公软件就是一个很好的例子。Office 创造了一种环境，可以把文档“发送到”邮件以及其他 Office 应用软件；可以把这个应用软件的内容“剪切”，然后“粘贴”到另一个应用软件里；在 Word 文档里点击“插入表格”选项可以插入 Excel 表格。虽然 Office 还有很多改善的空间，但是微软创造性地把这些功能融合到了一起，这值得称赞。这个案例说明，微软知道每个任务都应该有一个专门的工具，用来高效地完成相应任务，而一个任务连接另一个任务，就形成了一个强大的产品点子。

连续性、弱连接和相互作用是非常重要的因素，它们会影响产品开发，也会影响销售和营销，所以它们对成功发布一款创新型“任务到任务”的产品至关重要。

观察与询问，发现创新的机会

在继续深入探讨关键 3 之前，有必要回顾一下各个商业因素之间的关系。假设你的公司经营的是预拌粉、酵母、盐等面包配料，顾客购买这些配料后，只需加水就能制作出面团，公司销售和营销团队的工作重点是把这些产品铺货到食品店，这是传统的销售渠道。不过，如果你的公司想进入面包制作机器领域，就需要调整工作重点，重新组建销售和营销团队，因为家用电器并不适合在食品店里销售。这样做也许是值得的。也许你的公司处于咖啡行业，你也发现了制造销售“研磨萃取”式咖啡机的机会。但是，销售咖啡机也需要不同的渠道，把公司的销售和营销资源投入另一个渠道是一个重大的决定，需要经过细致分析。你要问问自己：这么做能否让公司占得先机？现有的品牌能否延伸到机器领域？如果失败了，会不会损害原有的品牌价值？

另外，如果你要制造类似和面机的产品，那么在这个产品线上增加“和面烘烤”的产品时，实际上你可以利用现有的销售和营销团队，因为他们已经瞄准了小型电器市场。所以，在连接不同的任务时，分析一下这个行为对销售和营销产生的影响至关重要。横跨两个市场的产品可能很难产生利润。

营销团队可以利用弱连接这一特性，与他人合作完美地把不同的任务连接在一起。酒店大堂自助服务终端的案例就很好地说明了这一点，酒店正是利用了弱连接，把自己的服务（在线办理入住手续）与他人的服务（在线值机）连接到了一起。这个连接就只是顺便登录一下航空公司的网站而已。强连接可能需要顾客在航空公司的登录页面输入自己的名字，然后把这个名字与一个飞行常客号码对应起来。这个“服务”可能需要注册，因此顾客需要记住用户名和密码。

弱连接的顾客不仅与强连接的顾客一样，可以获得几乎所有便利，还省去了注册登录的过程。他只需要输入几个字母和航空公司授权码，就能获得登机牌。这种做法其实和 1999 年前后航空公司的做法差不多。顾客预订好机票后，售票员就会询问："您需要预订出租车或酒店吗？"航空公司自己并没有酒店或出租车，但它与这些公司建立了合作关系。顾客获得了预订酒店或出租车的便利，航空公司则获得了酒店或出租车公司的授权。

当然，在有些情况下，顾客自己完成这两项任务是更加经济的，但这通常没有商业意义。如果第二个任务严重偏离核心业务，那么进入新领域就会有损主营业务的表现，或者需要在不熟悉的市场中投入大笔资金，所以最好还是与其他公司合作，如果做法得当，那么双方都会产生协同作用。

任务到任务的创新的最美妙之处在于，机会无处不在，而且容易捕捉。你只需要观察和询问，就能抓住它。

假设你们公司生产眼镜盒，还有什么比眼镜盒更像一个商品化的产品呢？但是，如果你仔细观察一下用户使用眼镜盒的过程，就会发现他们做了两件事：第一，把眼镜放进盒子里；第二，把眼镜从盒子里拿出来，同时很有可能擦拭一下镜片（而且他们一般会在眼镜盒里放一块眼镜布，用来擦拭镜片）。你很容易就能想到在眼镜盒里做一个口袋来收纳眼镜布，让眼镜布本身就放在眼镜盒里。戴眼镜的人一般会使用太阳镜夹片，但眼镜盒里没有收纳夹片的空间。不过，你可以迅速改变这种状况。你现在生产了一款眼镜盒，它既可以收纳眼镜布，也可以收纳太阳镜夹片，而其他人都没有这款产品。突然之间，你的这款产品就不再是一款商品。你是市场的创新者，你可以建立一种品牌价值，让你的产品从同质化的市场竞争中脱颖而出，而且几乎不用付出什么成本。这两个功能都源自平日的观察，你在家里都可以完成。这个点子的市场调研费用是零。

观察并不是一把万能钥匙。你无法随时观察用户与产品互动的过程，也无法观察他们随后的行为。观察之后最重要的事情就是询问。

我们来回顾一下面包机这个行业的发展状况。1985—2005 年，你靠面包机赚了很多钱，这是因为你的产品把两个任务结合到了一起。但是，大部分钱都是前 5 年赚的，因为当时市场上鲜有竞争对手，面包机的售价很高。如今，亚马逊网站上在售的面包机有 112 种，有的售价还不到 50 美元。这个行业的利润日渐稀薄，赚钱不再那么容易。你甚至可以把销售面包机称为商品业务，虽然它并不是一个商品业务。

用户使用面包机的时候还遇到很多麻烦，但如果你识别到了这些麻烦，就能做出创新。但是，你无法派市场调研团队去用户的厨房里进行一段时间的观察。即便你能做到这一点，调研人员的出现也会影响结果的真实性。[①] 但你可以请一些人并让他们每天记录自己使用面包机的过程，要求他们写下每一个步骤，然后再写下制作完面包后做的 3 件事，哪怕这些事与面包没有任何关系。如果有足够多的人写下他们的使用行为报告，那么即使这些报告的内容有效性参差不齐，你也能从中发现产品的几个创新点。比如，有的用户会报告，他们做完面包后会拿出一个托盘，把面包放在上面冷却，那么你很容易就能想到要在面包机上增加一个滑动的托盘；有的用户可能会说他们做完面包后会拿出打包袋把面包放在里面，那么你就可以在面包机上添加一个打包袋收纳盒；还有的用户会说做完面包后要把面包机挪走，而你无法帮助他们完成这个步骤，但你可以尝试缩小面包机的体积，让它少占一点空间，这样用户就可能会觉得不需要把面包机挪到储物间收起来了。对居住在城市的用户来说，小体积会是一个极具吸引力的卖点，因为城市里的单元

① 这就是“薛定谔的猫”现象，实际的观察行为对结果产生了影响。

房面积都不大，厨房的空间非常宝贵。

询问同样是一个惠而不费的研究方法。不用组织焦点小组访谈，也不用进行市场调研，只需要观察和报告就可以了。了解事实就是市场研究的最高级形式，类似于焦点小组的那种人为组织的环境远不如这种形式奏效。但在产品概念成型后，进行焦点小组访谈就非常有用，你能从中得到关于细节的反馈，而且这个方法对产品定位十分有帮助。但是，只有在尽可能真实的环境中实地观察，才能激发出新点子，并加以验证。

至此，我们讨论了创新工具的基本组成部分。这些工具不仅简单，而且有效，但还是要谨慎使用，我们针对这些问题给出的答案需要经常通过用户来验证。产品开发人员不仅需要明白一个点子只能完成一个普通的任务，而且需要明白用户重视附加项，需要确保附加项不会使这个产品过于复杂。净效用这个概念就是产品创新的终极过滤器。

我们在第 8 章总结了整个创新流程，并且提出了一个详细的框架，它可以指导你将创新融入产品开发。不过，因为它只是一个框架，缺少必要的细节，所以请不要把它当成一个完整的行动指南。在进入这个话题之前，请先来看一个案例，了解一下创新流程与服务有什么关系。

创新练习

打造一些新体验

到目前为止，如果你认为自己已经掌握了创新方法，那么请用创新练习来简单地测试一下吧。下面的每一个题目都是一个任务到任务的概念，相对比较简单，所以，请你努力回答每一个问题。给出答案之后，你就可以找机会观察人们相应的实际行为，并且判断这个观察结果是否证实了你的观点，或者你也可以提出一些新方法。更进一步，你可以先观察，再得出结论。以下的前 4 个问题都有对应的参考答案，并且没有“正确”答案，只有错误的答案和优秀的答案。

A. 看电影 一对情侣正在你的电影院里排队买票。他们走到收银台前，买了两张《克利夫兰巨怪》（*The Monster that Devoured Cleveland*）的电影票。接下来，你要做一件什么事，才能给他们带来温暖的惊喜？

参考答案 你可以给他们带来这样一个惊喜：让他们在购买电影票的时候能一并购买零食。零食单会传送到柜台，在他们购买电影票的时候就已经准备妥当。一个人准备汽水，一个人准备爆米花，另一个人处理其他事情，这个过程没有多余的步骤，无需任何改变，就让顾客少排了一次队，少交了一次钱。如果排队买电影票的人太多，那么顾客可以填一张机读表格，把零食的价格同步加入电影票价中，然后把这个订单发送到零食区。你也可以把零食与电影票打包在一起销售。如果一杯中杯汽水和一桶中桶爆米花的正常售价是 7.5 美元，那么为什么不在电影票的基础上多加 7 美元，把这两样东西包含进去呢？这样一来，顾客就可以拿一张兑换券到柜台领取它们，他甚至可以自己打汽水。对了，与此同时，他还可以支付停车费。

B. 停车　你拥有一个机场停车场的长期经营权。停车场经常停满了车，甚至有的顾客的车会在这里停 3 天。一位顾客开车进入停车场，他按下取卡机上的按钮取卡，然后发现了一件事，并为此感到很高兴。这件事是什么呢？

参考答案　这位顾客惊喜地发现，你为他自动分配了一个车位。他不用再花时间去寻找车位，只需直接把车开到分配好的车位即可，而且当他返回时，停车卡上标明了车位的位置，他不用再像《宋飞正传》（*Seinfeld*）里的人那样四处找车位。除此之外，还有另一个简单的办法，那就是通过取卡机向顾客分配一个有停车位的楼层，停车卡上的密码可以让顾客进入这个楼层。

C. 来电显示 家里的电话铃响了，你从来电显示得知，这通电话是你儿子用他的新电话机打来的。他不久前搬到了新家。你对电信运营商的服务很满意，原因是什么？

参考答案 运营商在电话机上安装了显示屏，屏幕上提示“是否用新号码覆盖旧号码”，你选择了“是”，你不必做一些很复杂的动作，只需要用手指按一个键，电话簿就会自动更新。

D. 回复电子邮件 你收到了来自陌生人的一封电子邮件。你阅读了邮件，又写了一封回信。你使用的邮件程序接着帮助你完成了另一件事，这件事是什么？

参考答案 邮件程序跳转到了下一步，把这个人添加到了联系人中。你会回复邮件，就说明你在意这个人。对于比较挑剔的人，界面上会弹出一个对话框，显示“是否添加到联系人中”，以征求他的同意。

寻找其他任务到任务式产品创新的案例 你会发现上面这样的例子比比皆是。做这种练习既能提高你的观察能力，也能提高你的创新能力。

第 7 章

用创新产品的方法创新服务

到目前为止，我们讨论的大部分对象都是顾客购买并使用的有形商品和产品。不过，相关法则也能应用在服务层面。你只需要明白一点：服务面向的要么是一项单独的任务，要么是多项有联系的任务，无论哪种情况，服务都越来越重要。

全球经济正在飞速发展，以前企业只生产硬件商品，现在企业既生产数字商品，也生产服务。2006 年，美国 3/4 的劳动力都在从事服务行业的工作，这个行业本身就非常复杂。街角的汽修店在提供服务，威瑞森（Verizon）电信公司也在提供服务。

有些服务项目很简单，你可以称之为简单服务。简单服务独立存在，与其他服务没有关系。比如，一般来说，干洗是一项简单服务，人们去干洗店时想完成的任务是把衣服洗干净，这个活动并不复杂。缝纫与室内装潢也属于简单服务。这些服务项目本身就是任务。人们可以把做不到或不想做的任务交给服务企业，服务企业收取一定的费用来代人们完成这些任务。所以，如果你需要粉刷一把椅子，却对装潢不在行，你就可以把椅子拿到装潢店去，让工作人员代你粉刷。如果你想和朋友聊天，但他住在城区的另一边，那么你可以使用威瑞森电信公司的通信服务，既简单又非常便宜。

明确服务的真正任务

服务企业是指帮助人们完成特定任务的企业，它所提供的服务项目实际上就是人们外包出去的任务。服务企业本身的定义就很好地回答了关键问题 1：用户使用这个产品要完成什么任务？

如果你需要粉刷椅子，你就有了一项任务。如果你会粉刷，你自己就能完成这项任务。但是，因为你不会做（或者不想做），所以你就会付钱让别人代你完成。服务企业不仅要认可顾客想要完成的任务，并对任务有充分的理解，还要能让顾客实现借用他人的劳动完成自身任务的目标，否则，很快就会失去顾客。

说到这里，有的服务企业可能会把自己的服务功能与顾客的任务相混淆。例如，一家电脑维修店的店主喜欢研究电脑硬件，他可能会认为这个生意就是把兴趣转化成金钱。你把电脑拿到他的店里去维修，本想尽快取回，但这个店主可能会对电脑的独特配置感兴趣，反而想多留几天研究一下。他这样做生意很难长久。一般来说，服务者不但要了解顾客的任务，而且要有能力完成这些任务。

提升服务效率的 3 种方法

因为服务企业本身就回答了关键问题 1，所以你能快速跳转到关键问题 2：当我知道了用户使用一个产品（或服务）要完成什么任务，我能减少完成这个任务的步骤吗?

很多服务企业可能对这方面并不了解，所以还没有应用过“简化步骤”这一方法。服务企业属于劳动密集型企业，对成本非常敏感，但它们所做的无非就是控制员工人数、控制他们的工资和福利，想办法减少人力成本。控制成本并不代表能有效利用这些昂贵的人力资源。

只要回想一下每天与服务企业打交道的经历，你就能明白这一点。一直以来，银行与航空公司为客户提供的服务项目都比较精细，它们会将这些精细的项目安排到一起，让客户在一个窗口排队等候办理业务，而不是让他们可以高效地在几个窗口办理业务；许多餐厅依然有服务费用相对昂贵的点单员和传菜员。

许多服务企业规模太小，部门不多（实际上，这是一种误解，因为外包也是一种部门划分）；有的企业规模非常庞大，却没有利用好外包策略。服务企业可以利用第 4 章提到的关键 2，进一步提高自己的服务水平。关键 2 的挑战是，罗列出完成一个任务的所有步骤，并且剔除其中几个。相对于硬件商品行业，在服务行业这样做就有点复杂。剔除服务业务中的步骤，往往最终演变成减少工作岗位。实际上，剔除服务业务中的步骤或提升服务效率可以利用以下 3 种方法：

- 努力工作；
- 巧妙地工作；
- 自动化。

努力工作不是本书要讨论的内容。很多人都说我不是这方面的专家，所以我也不会假扮专家提出建议。我们要谈的内容是巧妙地工作和自动化。那么接下来，我们就来分析一个案例，看看如何在服务行业中找到关键问题 2 的答案。我们还是继续讨论室内装潢，而且会以个体装修店为例。下面就是完成一个装修项目的步骤：

1. 初次接洽；
2. 选择装饰；
3. 选择风格（比如，是否要装管道，是否要用装饰图钉）；
4. 挪开家具；
5. 重新装潢；
6. 放回家具。

这个场景中的关键之处在于，最昂贵的劳动力（经验丰富的工匠）承担了大量相对机械的任务。巧妙地工作就是让一些更廉价的劳动力去承担技术含量不高的任务。比如，把搬运家具的任务外包，或者请顾客自己想办法搬运家具，并在装修费上给予优惠。这个过程也可能会涉及第三方，他们专门为服务企业提供服务，比如搬家公司可以为装修店提供服务。这样一来，工匠就能接更多的业务，降低现有装修项目的价格，或者赚取更高的利润。

所以，你可以更巧妙地工作，做出改善。重新装潢的过程中看似没有太多可自动化的空间，但是或许它真的有。步骤 2

与步骤 3（选择装饰与选择风格）可以合并，甚至不用工匠参与就能完成。从这个层面来说，它就能实现自动化。如果装修店可以在网上展示实际效果图，那么顾客在网上选择风格时，就能完成选择材料或邮寄样品的步骤。如果有必要，顾客也可以给工匠打电话或发邮件寻求建议。而且，很多决策过程都可以在待装潢的家中完成，如此一来，在开始装潢之前，工匠就不需要特意来店里。哪怕这些步骤只节省了一个小时，工匠和顾客也都会从中受益。服务项目没有改变，却价格更低，利润更高，这个工匠也就能接更多的业务。

所以，通过关注完成任务的步骤，寻找巧妙地工作或自动化的机会，你就能获得竞争优势，在不逊于竞争对手口碑的情况下，以更低的价格提供更好的服务，同时发展更多业务。这家店铺因此从黄页上 40 多家装修店中脱颖而出。这样做不仅对店主更有利，对顾客也更有利，因为它产生了更大的净效用。

把相邻服务连接起来

装修店的案例能帮助你找到关键问题 1 和关键问题 2 的答案，但要找到关键问题 3（用户使用了我的产品或享受了我提供的服务后，接下来要完成什么任务）的答案，就要分析更复杂的服务项目（你可以称之为复杂服务），既然存在这种项目，就说明该领域没有完全找到关键问题 3 的答案。如果找到了关键问题 3 的全部答案，那么这项服务就会变得简单。

要在服务行业中找到关键问题 3 的答案，就必须跳出服务行业的框架去观察。寻找关键问题 3 的答案有点难度，不过一旦找到正确答案，就能获得非常高的回报。

金融服务、法律服务、房地产交易、医疗服务、保险服务等是比较复杂的服务，它们和水龙头这种硬件商品以及软件这种媒介商品有很多不同之处，与其他简单服务也大相径庭。

复杂服务不会单独存在。所有服务企业销售的都是一种实际结果，即帮助顾客完成任务、实现目标，而不是某种可以购买或使用的物品。提供复杂服务的企业也能提供一种特定的结果，但这个结果并不是帮助顾客完成全部任务。在大多数情况下，复杂服务本身都不能提供顾客最终想要的结果，即完成最终任务。

复杂服务只能提供一部分结果。银行通过提供收支账户服务和金融工具来保护或增加客户的资金，也提供抵押贷款和其他形式的贷款服务。房地产中介既销售房屋，也通过各种挂牌服务和相关知识来销售房屋使用权，这取决于他们的交易立场。律师凭借从业资格“销售”法律知识和专业能力，在法庭上代表控方或辩方。

人们寻找这些专业人士是为了实现某种特定而简单的结果，比如从存款中获得利息、售卖自己的房子、重组自己的公司。实现结果本身就是一项任务，与我们在本书中讨论的硬件商品和软件商品所涉及的任务非常相似。从这个角度来说，把我们罗列的 3 个关键问题应用到服务行业中是完全有可能的，但其间存在一个小问题。

复杂服务与其他服务往往会相互交织在一起。正常情况下，没有哪个服务者能单独实现预期结果，一个实体的服务需要与另一个实体的服务联系在一起，这就会让人难以区分任务和功能。但是，你必须将这二者区分开来，认清特定场景中的任务，即了解用户使用这个产品要完成什么任务。然而，提供复杂服务的企业已经把这个概念破坏得面目全非，它们把真正的任务分解成各个部门的功能，而且这些部门已然分散，部门之间设置了边界，无法轻易协作。以买房为例，我们先来看一下服务行业是如何以最低的效率、最少的合作来完成一个普通的任务的。

假如你想买一套房子，那么买房就是一个任务。购房者认为买房是一个单一的行为，但是为了买一套房子，你要与服务行业中的多个服务者打交道，每个服务者又会发挥不同的服务功能。你要完成买房这一个任务，就需要涉及下面这些步骤，而且它们还不是全部：

1. 联系房地产中介；
2. 从银行获得贷款；
3. 聘请估价师估价；
4. 聘请鉴定人鉴定；
5. 办理贷款保险；
6. 办理房屋保险；
7. 聘请律师或委托公司来完成交易并备案；
8. 聘请税务师处理涉税事项；
9. 找搬家公司搬家；
10. 领取保费，支付搬家费用。

在这个交易过程中，你可能还需要与卖方的中介和律师打交道。如果这套房子属于遗产，或者你对地理位置有要求，那么情况又会有所不同。这些专业人士在不同的地方办公，有不同的日程安排和信息需求，虽然有时候会重叠，但他们从不协调这些步骤，而且每一方都会各自收取服务费。你既没有时间，也没有所需的信息来和他们有效地讨价还价。

这个场景中存在很多问题。整个过程功能失调、效率低下，让人身心俱疲。但是，从我们的目的来看，最主要的问题是整个过程完全掩盖了任务。如果你向这些专业人士询问他们在做什么，可能就会听到下面这些回答：

1. 房地产中介：把房子卖出去（而不是帮你买房子）。
2. 银行：做一笔贷款业务。
3. 估价师：检查缺陷。
4. 鉴定人：全面勘测。
5. 贷款保险人：销售贷款保险。
6. 房屋保险人：销售房产保险。
7. 律师：评审合同，监督签字。
8. 税务师：准备报税。
9. 搬家公司：搬运家具。
10. 搬家保险人：为搬运中的物品投保。

没有一个服务者会说“我是在帮你买一套房子”，但这正是你的目的，你要为这一长串服务买单。实际上，每一个服务者都在告诉你：他不关心你的目的是什么，他有自己的角色，而且对其他方面的事情一无所知。

这是一个极端的案例，可能有些夸大其词，不过这并不是个例。假设我想买人寿保险，可能就需要让医生帮我做一次体检。如果某人的父母去世了，他就需要找殡仪人员，而且可能需要评估资产，与会计、律师和保险代理人打交道。他的任务是处理父母的丧葬事宜，但是相关服务者并没有与这个任务联系起来，他们彼此之间也没有联系。假设我因为膝关节炎去找医生治疗，随后听从医嘱去找另一位专家，而这位专家让我去拍 X 光片，当我去放射科拍好 X 光片并交给那位专家后，他开了一个药方，又让我带着药方去找药剂师抓药，而药剂师联系了我的保险公司，那么，如果保险公司拒绝理赔，我可能就要联系我们公司的人力资源部，或者请律师对这家保险公司提起诉讼；如果保险公司赔付了，我还需要向免税的健康储蓄账户提出赔付申请，以支付自付部分的费用。这个过程真的很烦琐。①

我们可以争论导致这种状况的原因有多少是服务行业本身造成的，又有多少是因为政府或这些行业在相关领域人为设置了边界，但这种争论是无休止的，因为在有些情况下，这些领域本身就在努力推动和强化人为的边界。他们就是靠这种结构

① 附录中有一个创新练习涉及一个简单的服务行业——干洗业，这种统一度更高的服务代表的是更简单的问题。

性低效来获利的，因为顾客几乎没有机会和空间分别与十几个服务者讨价还价，但如果面对的是单个、统一的服务者，顾客就能做到这一点。所以，“指责游戏”可能很好玩，但是玩一个创新游戏来把这些人踢出局将会更有用。如果顾客始终都没有得到高效的服务，就说明存在创新的机会。

所以，为了把我们的方法应用到服务行业，首先就需要刨根问底，找出顾客的真正任务是什么。你不能被服务行业先天的功能失调所干扰。这意味着，你需要与顾客交谈，因为他们对自己的任务一清二楚。他们不会说“我需要完成一个调查”，而会说“我想买一套房子”；他们不会说“我需要报销 10 美元的药费”，而会说“我得治疗膝关节炎”。如果服务者能真正地与顾客秉持同样的目的，那就再好不过了。然而，没有人会因为让顾客住进新房子而得到实际的报酬，服务者只会因为完成这个任务的某一部分而得到报酬。所以从财务角度来看，服务者对顾客的最终目的都漠不关心。

实际上，从某种程度来说，服务者与顾客之间根本没有利害关系。即使你不买这套房子，别人也会买，这套房子不会一直空置。即使你不买这套房子，你也可能会买其他房子。所以，对这些服务者来说，带着一个任务的顾客就是一种商品。服务者可能会彬彬有礼、尽全力地帮助这个顾客，但这个顾客的实际目的和服务者没什么关系，所以，服务者就没有动机去简化完成总体任务的过程。服务者只关注他的服务功能，这正是错误的关注点。

请看一个简单的例子。1910 年，我们想进入汽车行业，并且按照下面的方式建立了业务：

1. 有人向我们订购了一辆黑色轿车；
2. 于是，我们向 A 公司订购了汽车骨架，订购时需要描述细节；
3. 我们又从 B 公司订购了座椅，订购时需要告诉 B 公司我们的要求；
4. 我们从汽车头灯生产公司订购了一些铬合金的头灯；
5. 我们继续订购其他部件。

没过多久，我们就出局了，因为我们把汽车的各个部件都看作独立的部分，每生产一辆汽车，就要向其他公司订购各种部件，生产效率太低。那些制定了统一标准和生产流程，并提前订购标准化部件的人就会吃掉我们的午餐，而且他们应该这样做。

面对复杂服务，你需要把不同的任务连接起来，给顾客选择一揽子交易的机会。交易的参与者需要把必要的信息从一个任务传递到下一个任务，直到完成最终任务，就像生产汽车时在流水线上传递保险杠一样。但是，请不要忘了第 6 章中的观点：任务之间必须是弱连接的。假如你想建立一种整体结构来解决买卖房屋的问题，统一处理这其中涉及的所有事项，那么你就等于是在逼迫顾客接受一种解决方案，这与把每个任务分开处理没有什么区别。如果你是一个房地产经纪人（购房者最先找的人），那么你就掌握着主导权。当一位购房者来找你的时候，你可以说："如果你委托我帮助你购房，你就要去指定的银行、指定的产权公司、指定的保险公司。"在这种情况下，购房者想要交易顺畅，就面临价格垄断的风险。你也可以换一种表达方式："如果你委托我帮助你购房，那么你只要填写相关信息，就会有 3 家银行、3 家产权公司、3 家保险公司提供报价。我会详细向他们说明你的要求，向你出具一份总账单。"

弱连接有利于顾客选择最佳方案，更经济也更有效率，服务者也能节约成本，因为他们可以和其他服务者共享信息，而不必从头开始。

进一步说，如果购房者要找的第一个人不是房地产经纪人，会发生什么情况？如果购房者聘请一位"买家经理人"，买房只是这个经理人的其中一项服务，又会怎样？寻找中介、办理贷款、完成交易都会由买家经理人来跟进，而如果买家经理人代表数十位购房者，他就能向各个服务者争取优惠，而且没有利益冲突。这些购房者的动机就是以最低的价钱聘请最优秀的人，并与他们的需求完全匹配。在买房的过程中，他们只需要见买家经理人这一个人，这样连续的服务正是他们想要的。

所以，把服务连接起来是一个很好的方法，而按照顾客价值最大化的方式把它们连接起来是一个更好的方法。

生活中有很多弱连接的例子。第 6 章提到了酒店自助服务终端可以打印次日航班的登机牌，亿客行（Expedia）、Travelocity 和 Orbitz 等旅游服务网站也提供了飞机票预订、酒店预订、出租车预订服务。所以你不必再登录不同的网站把同样的信息输入好多遍，而且这些网站在每个类目下面都提供了多个选择。

我选择的有线电视公司把电话、有线电视和高速互联网捆绑在了一起，但我还是可以自行选择，即使我只选择了有线电视，也依然能得到其他两项优惠服务。我所在的公司有一名健康保险员，他也管理健康储蓄账户。因为他要申报保险，所以他很清楚我要报销多少金额，而保险公司就会自动从健康储蓄账户中给我报销。这个弱连接很棒，但在我看来，它还可以更进一步，保险公司可以把钱直接报销给药店，这样我就不需要先取好现金去药店买药，再处理这10美元的报销款了。这种做法由来已久。它减少了书面工作，既节约成本，又能让顾客更满意。

在复杂服务行业，随处都有机会找到相邻的任务，并把它们连接起来。第6章创新练习中提到的电影院就是一个很好的例证。我们从中可以看出，哪怕是服务行业中的单个公司，实际上也在它销售的不同产品（如食物和娱乐体验）之间砌了一堵墙，这在结构上是低效的。另外一个案例就是修电脑。顾客把电脑交给维修店更换一个新硬盘，但他后来发现键盘也需要稍微修理一下，于是打电话告知维修店，店员却让他把键盘拿到另外一个部门修理。

仔细分析实际案例有助于你理解这个观点，所以请再来看一个例子。很多人酷爱减肥，但一段时间后体重又会反弹回来。否则，该如何解释减肥行业规模如此庞大这一现象呢？如果仔细分析一下减肥这个行为，你就会看到不足之处，发现机会。让我们先来分析一下减肥的步骤：

1. 了解饮食中的热量、脂肪含量，以及食物类别等信息；
2. 寻找好吃又符合减肥需求的食物；

3. 做一个阶段性的饮食列表；

4. 做一个相应的食材列表；

5. 购买家里没有的食材。

步骤 1 中，你需要咨询营养师或类似的服务者。步骤 2 中，你需要根据菜谱或类似的参考资源来寻找符合减肥需求的食物。有的地方提供专门的减肥食谱，会让这个任务更加容易，但你还是需要把这些信息与自己特定的减肥需求结合起来。至于步骤 3，每更换一次饮食列表，你就需要搜集一遍信息。只有这样，你才能达到步骤 4 的目的——列出一个完善的食材列表。步骤 5 就是去购买食材。

如此一来，要提前计划好一周的晚餐就需要做大量的工作，这是因为人们使用的各种服务是相互孤立的。这种孤立不仅没有必要，而且没有好处。减肥公司也发现了这一点，它们直接跳过其他服务者，为顾客配送冷冻的减肥晚餐，价格奇高无比，它们因此从中获利不菲。但这些公司提供的菜品有限，而且往往不够新鲜。所以，要跳过这些公司也应该很容易。然而，这些互相孤立的服务者并没有这样做。我们来看一下它们能做些什么。

一个刚开始减肥的人登录了一家食品连锁店的网站，输入了自己每天的饮食需求、喜欢的食物、菜品数量以及用餐人数。这个网站会根据这些信息呈现一个饮食列表，供他从中选择自己想要的食物。接下来，网站就会罗列出一个食材列表，旁边有一个购买按钮。这个人选择了自己需要的食材，点击了购买按钮，接下来就是等待食品店把这些食材配送上门。这几个任务原本需要两三个小时，现在只用了 20 分钟就完成了。

现在，这个过程中的每一步都能分开完成，人们可以登录一个网站寻找菜谱，在另一个网站上浏览饮食信息；并且，人们可以把每个菜品的食材列表打印出来，可以在网上订购这些食材，但无法在一个网站上完成所有步骤——这正是人们想要做的，而提供冷冻减肥菜品的公司发现了这一点。

为了帮助顾客达成目标，你必须理解顾客的任务，以减肥案例来说，就是快速做几种让顾客提高饮食健康度的食物。顾客的任务不是寻找菜谱，不是计算热量，不是准备食材，也不是去食品店购买食材。然而，这恰恰是减肥服务的运作模式，也是这个行业的优化对象。

服务企业都这样愚蠢吗？当然不是，但它们以及它们的品牌和专业都只与一个功能相关，至于其他功能，用胆小鬼的口头禅来说，就是“超出了他们的核心能力”。这句话形象地说明了企业的自恋情结。顾客需要判断出一家企业的能力，而不是了解高管对企业经营状况的看法。IBM 公司的核心能力是制造主机，施乐公司的核心能力是制造复印机。可以肯定，个人电脑（PC）首次上市销售时，IBM 公司肯定有人说："我们做不了这个，我们的核心能力是制造主机。"

行内人无法站在顾客的角度去观察自己的企业，他们只看见了自己的功能，并把企业与这个功能联系在了一起。通常，企业各自的功能就像是一道复杂的谜题（比如在房地产交易的例子中），顾客需要解开眼前的谜题，才能知道下一道谜题。在游戏中解谜升级或许很有趣，但在现实生活中它一点儿都不好玩，而且效率很低。

解决这个问题的方法还是要靠观察。如果你们公司提供清洁毛毯服务，那么顾客还会有其他什么需求吗？顾客也需要清洗窗户、除油烟或者清理管道吗？如果你们公司的业务是儿童摄影，那么顾客也需要装裱和邮寄服务吗？如果你销售的是防盗报警器服务，顾客在另外一个地方旅居半年，那么你能向他发送一封报警提醒的邮件吗？水管工和电工可以一起上门为业主提供更多服务吗？这个清单简直无穷无尽。这些问题也正是创新的机会，所有的企业都需要抓住这样的机会，销售传统产品的企业如此，服务企业也如此。

第 8 章

实施创新计划的 6 个步骤

前 7 章的内容十分丰富，提出了很多强化产品创新活动的行动计划。这一章的目标是融合这些行动元素，制订一个容易操作、成本低廉的整体计划。不过，这一章并不会取代前 7 章，之前提出的案例和练习方法都是为这一章做的铺垫。所以，如果有必要，你可以复习一下前面的内容，尤其是包含关键问题本身的章节。此外，你还要复习一下创新练习，并再做一些其他练习，因为这些思维训练能帮助你提升创新能力，这是优秀创新者与杰出创新者的重要区别。

整体计划能否发挥作用取决于一个前提条件，即计划执行者能否完全以用户为中心。如果计划执行者的想法是“我能把营销技巧用在哪些概念上”或“我们的技术团队最适合传递什么理念”，他可能就会因此得到一个出色的营销计划或一款能被高效创造出来的产品，但是营销部和技术部不会购买产品，只有用户会购买产品。我们没有理由相信，有利于技术部或营销部的产品，就会有利于用户。

本章提出的制订计划的流程包含 6 个步骤，我们会分别讨论，最后会总结出一个简易的大纲，作为指导手册。接下来，我们就从步骤 1 开始讨论。

步骤 1，收集事实

还记得关键问题 1“用户使用这个产品要完成什么任务”吗？**它是整个流程的关键所在，而且回答这个问题必须以事实为基础，不能靠猜测。**用户使用产品的方式有时让人感到出乎意料，甚至让人吃惊。我家的厨房里有一个叫作 QuickCovers 的产品，这是一种简易的一次性盖子，能套在任何尺寸的碗上。但实际上，它就是一个浴帽，萨兰把它拿来盖碗了而已。我猜测，她之所以会冒出这种想法，是因为从 Heloise 网站的专栏里看到了什么。（提出这个想法的人都不知道自己正在培育一个行业，我希望是这样的。）如果你想找一些生活中实用的创新点子，那么所去之处一定非 Heloise 网站莫属了。很显然，这种浴帽碗盖是一种产品的重复使用，并没有创造新产品。但是，如果我猜得没错，这个点子最初来自报纸上有关用户行为观察的专栏。

用户不仅会让我们感到惊讶，而且会让他们自己感到惊讶。如果你询问几百个用户，他们使用厨房水龙头的任务是什么，你几乎得不到一个完整的答案，而且你得到的答案大部分都是关于水龙头的功能（把水送进厨房）的。如果你想知道水龙头的所有使用情况，就只有两件事要做：

- 询问用户使用这个产品做什么；
- 直接观察用户。

如上所述，用户无法准确清楚地描述他们使用一个产品的任务，但你只需要一个正确的答案。如果你询问几百个用户，可能只有几个用户能自我观察，从任务角度出发告诉你他们使用这个产品做什么。实际上，有些人会告诉你一种答案，其他人会告诉你另外一种答案。不过，你总能从这些答案中找到足够有用的描述来提出假设，然后通过观察来验证它。

举例说明一下。如果你请别人描述他们使用雪铲做什么，你可能会得到几种不同的答案。100 人中可能有 80 人会说“用它来清理路上的积雪”；有 5 人会说“把它当作一个大簸箕，用来装车道上扫出来的垃圾”；有 2 人可能会说“用它来清理户外火堆的灰烬”。每个人说的都是实话，但每个人的用法却完全不同。综合来看，使用雪铲要完成的任务是清理路面上的废物，但这些不同的具体用法说明，完成这个任务可能需要 3 种不同的产品，而且你能来填补这个市场空白，或者，核心产品需要改良，从而更适用于频率较少的任务。

你可能会发现有一个用户详尽准确地描述出了所有可能的任务，但大多数用户的描述都是东一榔头西一棒槌。如果你询问用户实际使用这个产品做什么，那么最好再验证一下答案，因为他们很可能会有所遗漏，你在观察他们的实际行为时就会发现这一点。这有助于你明白如何改良产品，提高完成该任务的效率。

再回到雪铲这个例子上。如果你观察一个人把车道上的垃圾扫进雪铲这一过程，你就会发现雪铲本身的角度就是障碍。因为雪铲是弧形的，把底部平贴在地面上的时候，扫进去的垃圾会再次滑下来。如果用雪铲来清理户外火堆的灰烬，有一部分就会从侧面掉下去。这两个任务中的痛点就是你创新的机会。

你最好能亲自去观察，有时候这很容易。你可以去工厂观察工人，也可以邀请 100 个人到测试厨房，观察他们制作蛋糕的过程。宠物食品公司普瑞纳（Purina）设立了一家动物救助站，他们就在这里直接观察动物对新产品的反应。然而，观察并不适用于所有任务。除了观察，你还可以采用录像和记日志这两种方法。通过录像得到的观察结果更加精确，记日志则不会打扰顾客。如果把这两种方法结合起来，对少数人录像，让大多数人记录他们使用产品的步骤和遇到的问题，或许是一个理想的方法。

无论采用什么方法，关键在于答案必须以事实为基础，不能主观臆断。最具讽刺意味、最无效的方法就是一群产品开发人员坐在一起，争论谁对用户行为的理解更正确。这些人的观点此时并不重要，与用户相关的事实才重要。

步骤 2，寻找关键问题 1 的答案

如果你认真做完了步骤 1 涉及的工作，那么完成步骤 2 就会很容易。如果你邀请了 5 个用户，向他们展示了同一种关于产品任务的事实，他们就很可能会以同样的方式回答关键问题 1：用户使用这个产品要完成什么任务？如果你稍微转变一下，先告诉他们有一个人会用软管直接给植物浇水，会将软管接上洒水喷头后给草坪浇水，然后再告诉他们，这个人还用软管洗车，那么答案就开始多种多样，比如，有人会说“送水”，也有人会说“借助压力送水”，但他们表达的意思大概相似。但

是，大概相似还远远不够。关键问题1的答案决定了后续事情的成败。失之毫厘，就会谬以千里。就像发射一枚火箭去月球，它偏离发射点1厘米，就不知道什么时候才能到达月球，而实际上它很可能根本到达不了月球。

所以，答案必须精确，否则就是一无是处。不过，你如何才能为一个多用途的产品找到一个精确的答案呢？其实，你不需要这样做。请回想一下水龙头的例子。我们的一个重要发现是，制造商认为一个产品只有一个功能，但用户把它当作不同的产品以完成不同的任务。只有在答案匹配用户的感知时，你才可以让产品与任务匹配。所以，在软管的问题上，你有两个选择：第一，忽略已知的不同用途，只创造一款能发挥软管最常用功能的产品；第二，思考用户的答案，分析是否需要生产两种软管。

有一个简单的流程可以帮助你找到那个精确的答案。你只需罗列出一个现有产品的初级任务，借鉴关键2中“一个动词，一个宾语”的方法，把一个用途当作一个任务。下面我们再以软管为例，罗列出它的第一个层级的任务：

1. 给花丛浇水；
2. 给树木浇水；

3. 连接洒水喷头；
4. 连接高压喷嘴，清洗窗户；
5. 连接高压喷嘴，清洗车辆。

完成这一流程后，你就可以分析一下这些细微的任务，问自己一个问题："我可以创造一个能充分满足多种需求的产品吗？"如果答案是否定的，就不要再多问，抓紧时间设计 5 种不同的产品。如果答案是肯定的，你就需要把这些任务联系起来，从而在第二个层级上创造一个新的任务列表，结果可能如下：

1. 给花丛和树木浇水；
2. 连接洒水喷头，给草坪浇水；
3. 连接高压喷嘴，清洗车辆和窗户。

在第三个层级中，你可能会认为连接洒水喷头和高压喷嘴没有区别，因此只需处理两种产品：

1. 使用配件的软管；
2. 不使用配件的软管。

我们起初罗列了 5 个任务，现在变成了两种产品，但我们需小心谨慎，不要离题太远。洋葱可以薄切，也可以厚切。我们需要确定在哪个层级区分产品用途对终端用户有意义，这需要一点儿艺术。然而，最终的任务是什么，理论上还存在争议。不过，解决争议的方法也很简单，就像解决产品开发中的争议问题时所采取的方法一样——询问用户。用户的意见才是最重要的。

到目前为止，我们已经观察了用户的实际行为，从这些行为中找出了一组实际的任务。在接下来的部分中，我们就需要把掌握的信息转变成效率的提升，这既是为了实现我们想要吸引新用户的目的，也是为了满足用户需求。

步骤 3，寻找关键问题 2 的答案

关键问题 2 是：当我知道用户使用一个产品要完成什么任务后，我能减少完成这个任务的步骤吗？我们在第 4 章花了大量的篇幅讨论了这个问题，所以，你应该对它有了比较深刻的理解。不过，重新说明一下也是有必要的。我们还是以软管为例，来重申这个概念。软管有 3 个任务：

1. 给花丛和树木浇水；

2. 连接洒水喷头，给草坪浇水；
3. 连接高压喷嘴，清洗车辆和窗户。

在理想情况下，软管会以最高效的方式完成这 3 个任务。我立刻就意识到一件事情：洒水喷头和高压喷嘴要拆装方便，而且要容易切换。我需要列一个清单，来分析潜在的产品创新点，而且前两项应该是：

1. 洒水喷头和高压喷嘴拆装方便；
2. 洒水喷头和高压喷嘴的接头可以互换。

做到这两点很容易，但离完成任务还差得很远。在做这些任务之前，我需要先把软管从仓库拿出来接到水龙头上。做完任务后，我还要把软管里的水排空，把它从水龙头上取下来，放回仓库。所以，我又可以在这个清单上加两项：

3. 易于取放，易于排水；
4. 易于连接水龙头。

为了减少或简化完成任务的步骤，我现在已经设计了 4 个产品点子。这些点子可能都很棒，之前没人想到过（园丁看见都会高兴的），但这些点子是我想出来的，所以还不算是好点子。只有用户认为这些点子能产生净效用，它们才是好点子。因此接下来，我需要做步骤 4 的工作。

步骤 4，用净效用验证产品概念

你现在制作了一份自己中意的产品概念清单，其中可能还有非常棒的点子，但这并不是一定的，而且你不知道哪个点子是最好的。要找到答案，就要让用户来验证。因此，我们需要做一个小调查，测量净效用。我们再来看一下第 3 章中使用的表格（如表 8-1 所示）。请在每条陈述后对这个产品打分，5 分表示非常同意，1 分表示不同意。

表 8-1 净效用测量表

	1	2	3	4	5
这款产品放在家里很好看					
这款产品和之前看到的都不一样					
总的来说，这款产品会改善我的生活					

这个调查只需要做一个简易的实物原型或图片模型，就能得知用户的初步印象。**更传统的（更昂贵的）市场调研工具有**

助于你掌握产品的细节，从定位的角度洞察产品的优缺点，但表格调查这种简单经济的方法能帮助你验证最佳点子。

其实还有更简单的调查方法。这个表格无法测量用户的情绪强烈程度。用户给出的评分可能只是对产品或你的音调的理性反应。所以，相比于找 100 个人来填这张表格，观察用户反应的同时直接与用户交谈能获得更多的信息。用户了解了一个产品后十分喜欢，而他了解了另一个产品后想立刻购买，二者之间有很大的区别。第一种产品也不错，但第二种产品完全切中了用户的痛点。

步骤 5，寻找关键问题 3 的答案

关键问题 3 是：用户使用了我的产品后，接下来要完成什么任务？这个问题与下面两种状况有关。

- 现有一款产品已经变成了商品，你想把它与新事物绑定在一起，让它重获生机。例如，你销售的液化石油气本身是一个商品，而你把它与 Quick Tank 服务模式结合起来，让它获得了新生。
- 你发布了一款与市场上其他产品相似的产品，但它可能更

> 高级一些。你对市场上已有的一款老产品做了一些改动，使它既能完成老产品能完成的任务，又能完成另一个相关任务，这实际上是创造了一个新市场。老产品是单任务产品；你的新产品是双任务产品，面包机就是一个很好的例子。很多商家销售的面包机既可以完成和面的任务，也可以完成烘焙的任务，比最初的版本高级，它让和面机一夜之间变得无用武之地。二合一的产品取代了市场上现有的产品，为该商品市场重新注入了活力，甚至开辟了一个全新的领域。

要找到关键问题 3 的答案，就需要仔细观察用户的行为。第 6 章开篇提出的案例和章节结尾中给出的创新练习，能帮助你训练思维，教给你正确的观察方法。如果你每天都练习的话，这个方法就会起到非常大的作用。如果你买了一罐苏打水，接下来你会做什么？拉开拉环打开它。但是在很久以前，你需要去厨房找开罐器，用开罐器打开苏打水瓶，然后再把开罐器放回去。有人就发现了这种低效和不便，并改变了这种做法，由此创造了一个行业。

打开苏打水瓶后，你接下来可能会找一个杯子放入冰块，再把苏打水倒进杯子里。以前你需要打开冰箱抽出制冰盒取一些冰块，再给制冰盒加满水后放回冰箱里；现在你只需把杯子放在冰箱门的出冰口，冰块就自动出来了。如果你观察得足够仔细，那么每天能发现好几个这样的例子，你也能把这种日常观察技巧应用到工作中。厨房是一个不错的观察地点，你可以从这里开始。净效用在厨房里非常重要，你能从厨房用品之间的联系中发现净效用的实际应用。

步骤 6，项目审批

我们会在第 11 章讨论项目审批的问题，所以这里就不赘述了。创新的 3 个关键表达的基本观点为管理层提供了一个非常有用的方法，即便他们很少接触用户，也能用这个方法来判断产品提案是否以用户为中心，是否会受市场欢迎。

接下来，我们来回顾一下本章的 6 个步骤：

- **步骤 1，收集事实。**近距离观察顾客，比如通过录像、采访、请他们记日志等形式。尽可能多地收集有关用户实际行为的信息。
- **步骤 2，寻找关键问题 1 的答案。**必须确保关键问题 1 的答案是正确的，它是整个流程的基础。提出假设，质疑他人的假设，直到确信自己找到了正确的答案。

- **步骤 3，寻找关键问题 2 的答案。**首先，使用“一个动词，一个宾语”的方法列一个清单，罗列出任务涉及的所有步骤。其次，召集几个人分别列一个清单，互相对比和讨论，最终确定一个清单。最后，寻找剔除或合并步骤的机会。
- **步骤 4，用净效用验证产品概念。**使用净效用测量表和简单的调查方法开启验证过程。
- **步骤 5，寻找关键问题 3 的答案。**回答关键问题 3 需要更多的观察，因此要每天练习，以磨炼观察技能。
- **步骤 6，项目审批。**管理层要利用前面提到的 3 个关键问题来确保立项的产品是以用户为中心的，能创造新需求。

第二部分

打造真正的新产品所需的环境因素

第 9 章

创新的形式与创新者

创新只需要 3 个条件：

- 一个方法，比如前文提到的 3 个关键；
- 一个组织，培育和利用创新的概念；
- 一群人，做出创新。

创新无论是基于流程，还是基于文化，都需要重要人士来驱动。虽然任何人都可以利用 3 个关键来创新，但人们本身如果更具创新性，那么无论用什么方法都能获得更大的成功。创新可以分为两种形式——大创新和小创新，每种形式又需要不同的创新者。

一提到创新，人们就认为它是一件大事——规模庞大，能改变市场，一枝独秀，可以让公司的股价一飞冲天。当然，这是事实。福特汽车公司通过流水线生产汽车，不仅让数百万个美国人实现了拥有汽车的愿望，而且为公司创造了巨大的利润，甚至改变了美国的经济。iPod 把苹果公司的股价从 14 美元推升到了 85 美元。谷歌的搜索创新和独特的商业模式在短短几年内创造了 1 400 多亿美元的股东价值。

创新也可以是小事。你可以在日常活动中用逐步改善的方式创新。单个的小创新可能不那么明显，节省的资金有限，对产品线创造的价值也有限。然而，将那些在数十条产品线上、数百个环节中持续不断出现的小创新累积起来，结果就会很惊人。

无论是大创新，还是小创新，都能为企业创造巨大的价值，但是其背后的创新者却完全不同。大创新者可以说是天才，他们能发现别人发现不了的东西。大创新者会从几十个孤立的信息碎片中发现一种模式。他们观察问题的方式与众不同，能发现别人没发现的产品属性。他们看到的是机会，别人看到的是现状。这些人天生如此，这不是后天养成的。小创新者是可以培养出来的。小创新所需的技能可以习得，也可以通过创造一种注重创新的环境来强化。企业关注这些人是明智的选择，因为他们的创新既能为企业创造价值，也能提高他们自身的工作满意度。因为大创新者是天生的，所以我们暂时不讨论他们，接下来，我们来讨论一下小创新者。

创新者必备的 7 种技能

要想知道如何强化创新技能，就要先知道这些技能是什么。我在下面罗列了一些对创新至关重要的技能，当然，实际不止这些。

观察。创新者需要实事求是地看待事物，但又不能被现状束缚。他们必须用批判性的眼光去观察。他们必须有能力从每个流程和产品的目标出发来观察它们。如果要在观察和思考这两个技能中二选一，我会选择观察，因为看得清的人要比想得清的人能让人们过得更好。优秀的观察者凤毛麟角，他们的观察结果可以转化成产品创新。如果没有他们的观察，再优秀的思考者也发挥不了多大的作用。

保持好奇。这个技能与观察密切相关。观察者必须有好问的精神。为什么这样做？这样做有意义吗？效果如何呢？如果你没有好奇心，就不太可能提出新想法。如果一个人像百科全书一样，对产品的每个方面都了如指掌，他既能看见森林和树木，也能看见树叶上的脉络，他可能就不是创新者。在个人电脑发展初期，有的人能记住数百条 DOS 命令，但 Windows 系统的推出让他们的知识一无所用，这些人无比沮丧，他们也不是创新者。他们沉迷于自己深奥而神秘的知识，以至于看不到自己产品的缺陷。甚至，他们可能还会认为开发 Windows 系统的人太笨或太懒。

交际能力。真正的创新一般来自创新者与用户的接触和感同身受。为了理解产品的痛点并消除它们，你必须实际感受用户的痛点。这意味着你必须和用户打成一片，寻找不满意的用户，因为你从满意的用户那里得不到任何关于痛点的反馈。你必须满怀信心，鼓励不满意的用户发表见解，让他们知道你切实关心他们的问题，真心实意地想要解决这些问题。你必须能接收到真正的坏消息，而且不为此辩解。你必须听得进这样的反馈——你倾注了大量心血的产品没有对用户产生价值，而且你要对这样的反馈感到兴奋。

质疑。创新者必须具备心理技能和情感技能来质疑周遭发生的一切。质疑现状需要想象力和勇气。质疑并不局限于挑战权威，它最终是以自我为中心的。质疑应该源于对提升业绩、为用户创造更多价值的渴望或创造新事物的纯粹热情。把热情与好奇心结合起来，会产生不可思议的威力。

实用主义。创新者必须能分辨清楚“很酷”和“有用”的不同之处，要时刻牢记净效用的概念，否则就会落入“很酷”的陷阱。他们要能经受住高科技带来的诱惑，用批判性的思维询问：“这个产品的用例是什么？用户能得到什么？”

行动导向。如果不付诸行动，再好的点子也没有价值。实干家比梦想家更重要。但是，就详细构思把产品从概念变成实物销售给用户的计划而言，实干家也是梦想家。他们通常要把这个计划交给具体的人来执行。不过，他们应该有饱满的热情，用实际行动阐明这个概念，确保执行者能充分理解这个概念所表达的愿景。

社交技巧。很多管理者十分擅长用一贯的方式做事。他们是执行者，他们的舒适区是把陈旧的点子转换成产品。这些人通常拒绝改变，拒绝创新，不过他们一旦认可了改变的价值，就有可能改变一切。只有彻底理解老方法的管理者才能成功地创造出新方法。所以，创新者需要得到管理层的支持，但不能对管理层产生威胁。这就要求创新者擅用社交技巧，比如可以先从建立人际关系开始。请注意，把执行者看作“不懂行”的人不是好办法。

在某种程度上，这 7 种技能都是可以习得的，但是在寻找小创新者的时候，我会重点关注前 4 种技能，原因有两个：第一，后 3 个技能属于一般的管理技能，并不是创新者独有的；第二，前 4 种技能比后 3 种技能更容易学习。

寻找大创新者是一种挑战，这类人很少，但他们本来就充满创造力，是无法隐藏的。他们很有趣，也很机智。他们骨子里有一种精神，并且需要把它释放出来。因此，他们通常都有独特的才华。比如，他们擅长主持颁奖典礼，发表的金句在公司里广为流传。这些人可能会被直属上司忽视，因为他们如果没有投入创意工作，可能也就基本没有投入手头的工作，因此就不会得到薪水。上司对他们的评价会是："很聪明，但工作三心二意。需要进一步学习，提高工作能力。"

假如你能找到一个或几个这样的特殊人才，并决定让他们领导创新项目，就要慎之又慎。并非每一个拥有创新个性的人都掌握了前面所说的 7 种技能。具有创新的个性说明他们可能善于观察、充满好奇心和勇于质疑；他们也可能有交际能力，但可能缺乏社交技巧，不以行动为导向。不过你可以让拥有前 3 种技能的人和拥有后 2 种技能的人组建团队，从而达到优势互补的效果。

请不要忘记实用主义，这一点很关键。如果创新者无法区分“很酷”和“有用”，那他应该去写科幻小说，而不是去为用户创造产品。如果创新者是非实用主义者，那他就会浪费你的时间和资源，导致你错过机会，因为他带着你走进了死胡同。为了避免这种情况，你需要事先评估一个人能否胜任大创新者的职位，你可以依据他能否提出创新的概念来做出判断。真正的大创新者应该能轻松回答“用例是什么”这个问题。

这是为什么呢？第一，创新候选人的创新点子要有一个用例，而且他应该清楚这个用例是什么。如果创新候选人无法提出一个实际的用例（但也许你能），就说明他不太关心这个产品概念的实际应用。第二，创新候选人应该把用例看成证明自己的概念价值的最有力证据，所以他听到这个问题应该感到兴奋，而不是试图辩解。第三，创新候选人应该顺口就能说出用例，因为他提出的概念应该以用户为起点，而不是到最后才考虑用户。

我们将在第 10 章详细讨论什么样的人是正确的人选，在此之前，先来看一下什么样的人是错误的人选。这些人不仅会浪费你的时间，而且会阻碍公司的发展。

创新是一项激动人心的工作。真正的创新能让世界变得更加美好，提高生产力，提升幸福感，降低生活总成本。我们在前文中就已经说明，创新是公司成功的动力，但是创新也有不好的一面，体现为：名义上的创新者。

警惕 3 种名义上的创新者

见风使舵型。这类人之所以创新，是因为管理层要求创新，或者会奖励创新。如果公司今年的口号是创新，他们就会凭空创新。他们会提出（或剽窃）一个产品概念，用华丽的幻灯片包装，用焦点小组的溢美之词支撑（就像一部烂片的广告中也有赞美的评论一样），蔑视与他们意见相左的人。这类人提出真正创新点子的概率就像坏了的手表显示正确时间的概率：每天会发生两次，但纯属巧合。见风使舵型创新者能真正测试一家公司的问责机制，如果他们侥幸逃脱几次问责，那么这个组织也和他们一样不可靠。不过，在错误败露之前，他们往往已经溜之大吉，换了岗位，或者去了新公司。

狂热分子型。这类人有可能会对某个点子深信不疑，但实际上，他们推崇的可能是十几年前的点子。他们认为这个点子是“市场改变者”，但每次演示的时候，管理层都无法理解它。他们觉得管理层都是“笨蛋”甚至“守财奴”。稍微开明一些的狂热分子型创新者偶尔会为自己的失败自责，或者后悔自己没能解释清楚这个绝妙的概念。实际上，狂热分子型创新者经常能提出一些可以带来重大改善的点子。他们之所以经常失败，是因为没有发现净效用是负向的。这类创新想要取得实际收效需要公司投入大笔资金、付出更多努力。狂热分子型创新者会固执地认为：他们自己会乐于使用这个产品，所以其他人也会乐于学习使用这个产品；他们是早期的使用者，其他人也应该如此。

我以前看到过一份产品提案，确实有很多地方令人赞叹，但这种现象差不多 3 年才会出现一次。用户购买这个创新设备要花费约 700 美元，而且需要随身携带它。这个价格太高了，只有被最终概念迷惑而忽略实际成本的人才会购买这个产品。围绕这样的用户是无法建立成功业务的。

与见风使舵型创新者不同，狂热分子型创新者有存在的价值。他们的确会创造出新点子，但需要有人在身边帮助他们筛选。他们只看见了彩虹尽头的那罐金子，却不知道要爬上珠穆朗玛峰才能摸到它。

回炉再造型。回炉再造型创新者会找到以前的创新点子，对次要部分做一些改动，就称其为新点子。这有点儿像令人恼火的“模仿综合征”，几乎无处不在。《达·芬奇密码》（*The Da Vinci Code*）这本书一经出版，就销售了几百万册，短短几个月后，类似的书就悄然出现。一档探案节目冲上收视冠军的宝座后，不仅竞争对手会模仿，而且这档节目自己其实也会增添案发现场，自我模仿。

但模仿不是真正的创新。实际上，模仿正说明缺乏创新。模仿也许可以使一个真正的创新的生命周期有所延长，比如改变款式就能延长水龙头创新的生命周期，但模仿不会为这个创新概念增加额外的效用，所以模仿并没有从根本上做出改变。

回炉再造型创新者有一定的存在价值，延长创新的生命周期会为公司带来经济价值。但当管理层把模仿与创新混淆，依靠模仿获得持续增长时，危险就会显现出来。

《犯罪现场调查：回声，明尼苏达》的制作人把整个节目系列的生命周期延长了一两年；有人为西部片创造了新概念，打造出了全新的系列并让它登上荧幕，而新系列正是创新的全部所在。有时候少即是多，但是要成为赢家，就必须提供一些与众不同、令人渴望的事物。

你可以找到一屋子正确的人选，但要真正地做出创新，你还需要其他要素：一个旨在创新、管理创新的组织。

第 10 章

创新的文化与创新型的组织

至此，我们已经走了相当长的一段路。我们了解了创新的 3 个关键，从而掌握了打造真正的新产品之法；分析了员工类型，了解了小创新和大创新所需的不同类型的创新者。这让我们在追求卓越创新的路上有了长足的进步，但我们还没有抵达终点。在实际应用中，找到正确的人、掌握正确的方法还不够。**要让创新最大化，就要创建一个组织，让组织成员运用这些方法为他们的任务助力，而不仅仅是默认创新或在实际上阻碍创新。**卓越的人、卓越的方法、卓越的组织结合在一起，就能促成卓越的创新。

打造创新文化的 3 种方法

正如前文所言，建立一个创新型组织最有效的方法就是创建一种创新的文化，并且培养这种文化。理论上，这是一个好方法。文化的力量非常强大，个性再强的人也会服从于文化。如果文化注重现状，如果文化旨在让火车运行准时（这并非要建造更快的单轨铁路），那么火车就不太可能会晚点。如果文化注重创新，那就有可能做出创新。但要怎样才能实现创新呢？如何改变强大的文化呢？有 3 种可能的方法。

方法 1，奖励创新

所有组织都认为他们在奖励创新，但事实果真如此吗？在大多数情况下，奖励创新最后就变成了奖励绩效。在职业生涯的早期，我的主要工作是协助法院为罪犯量刑。只有当潜在的罪犯认为他们可能获得的惩罚高度确定、会立刻生效、超出其承受能力时，他们才会放弃作案。同理，奖励作为惩罚的对立面，也应该高度确定、立刻生效、慷慨大方。当然，无论是奖励还是惩罚，明确对象都很重要。我们来仔细分析一下这 4 个因素。

第一，高度确定。如果你想鼓励某种行为，就要让员工清楚地知道，被允许的行为背后有奖励，被禁止的行为背后有惩罚。他们的确信程度有多高，受到激励的程度就有多大。实际上，这就说明奖励流程必须合理透明。如果奖励由幕后一群不懂产品的人决定，大家就会认为这是黑箱子里摇奖，结果是随机的。如果奖励流程是公开的，而且有员工参与，它就更有分量，更有可信度。

第二，立刻生效。请想象这样一个画面，有一个员工想提出两个点子，这两个点子都很好，一个点子是完全可以实现的，另一个点子则存在风险。开发这两个点子的成本相同，而如果有风险的点子成功的话，会产生更大的收益。公司有一个规定：产品上市取得成功后才会给予奖励。你觉得这名员工会提出哪个点子呢？当然是风险低的点子，因为他会得到奖励，管理层宣布过，可以冒险，但如果没有取得实际成功，就别想得到奖励。奖励代表了一种意义，产品立项时就应该发放。否则，奖励措施就只是在鼓励员工提出没有风险的提案。

第三，慷慨大方。奖励表达的是管理层对创新的重视程度。创新的程度越大，成本越高，奖励就应该越多。棒球帽可以是均码的，但“均码”的奖励就会让人泄气。

第四，明确对象。执行与创新是两个概念。在大多数情况下，执行是绝大多数员工的日常工作。创新也要靠成功的执行，但日常的执行工作大多都不用奖励，就像小创新一般不用奖励一样。执行独特的创新点子并不会让执行工作本身变得出色。制定出压哨达阵策略以赢得超级碗的教练值得奖励；而把球向前推进 10 码[①]的队员不值得奖励，他只是正好接到这个球，争取到了所需的码数而已。这就是说，至少要对执行和创新分开奖励。出色的执行工作应该得到奖励，但奖励的原因是执行工作本身很出色，而不是以一个出色的点子为背景。

方法 2，招聘创新者

人们都喜欢招聘创新者，但如何判断一个人是不是创新者？有两个有效的方法：一是招聘有创新经验的人，二是招聘有创新潜质的人。第一个方法最有效，但存在一些风险。首先，你招聘在其他公司做出过创新的人，是希望他能继续在你的公司做出创新，但正如共同基金业内流传的话一样，“过去的业绩并不能保证未来的结果”。其次，冒险聘用有经验的创新者可能要支付高薪水。再次，年龄、疾病或者其他因素会让人失去创新的灵感，没有了灵感也就无法创新。最后，在这个行业有创新灵感，不一定在其他行业也有灵感。创新有时候靠的是运气，有时候靠的是与他人的协作，从简历上是看不出一个人能否进行创新的。所以，如果你想招聘创新者，那招聘有创新经验的人并不能保证成功；招聘刚毕业的学生也有失败的风险，不过就工资而言，这个风险带来的成本比前者要低很多。

---

① 1 码 = 0.9144 米。——编者注

说了这么多，问题还是没有解决，到底如何选择创新者呢？虽然我认为没有一个简单的方法，但你可以参照一些有用的标准，比如，那些左右脑都得到开发的人潜力最大。也就是说，既表现出艺术才华，又擅长分析的人最有可能具备创新的特质。在商业竞争中，任何一项创新特质都不可或缺，尤其是实用主义特质，因为创新最终是为了获得商业利益。拥有艺术才华的人兴趣广泛，他们天生就对一切充满好奇。保持好奇与观察、质疑这两项技能密切相关，因此，有好奇心的人很有可能也具有创新能力。此外，热情也很重要。对点子充满热情的人能想方设法地克服体制障碍，做出创新。如果你能找到一位艺术家，而他也拥有分析领域（如商业、法律或工程等领域）的学位，那你可能就找对人了。

找到创新型人才很重要，组建一个多样化的团队同样重要。在一个由 10 人组成的团队中，假设每个人都是出色的创新者，但如果他们的思维方式都相同，就很难提出一系列创新点子。团队成员的背景不同，即行业经验不同、教育背景不同或文化渊源不同，看待问题的方式就会不同。多样的出发点就会产生多样的方法。针对同一个问题找到多种解决方法，就会极大地提高创新的概率。

方法 3，要求创新

这一点听起来有点儿严肃，甚至可能会阻碍创新，但我认为设置高期望是一个重要的管理工具。如果你告诉管理者和员工，你期望他们进行创新，期望他们创造出新产品和新流程，而不认可把单纯的改变或扩充产品线当作创新，并反复强调这一信息，再通过激励来强化创新意识，你就会有所收效。相反，如果你把创新看作一种惊喜，那你就不太可能经常看到惊喜。要求创新还有另外一个优势：如果你要求创新，并且设置了非常高的标准，你可能就不再需要四处寻找创新者，因为优秀的创新者会来找你。当然，才华不那么出众的员工如果觉得自己是优秀的创新者，那他也会来敲你办公室的门。如此一来，你至少不用再发招聘广告，从一堆简历中筛选候选人了。

管理创新者的 3 个注意事项

创新者很难管理。他们的优点就是不墨守成规，这对公司的分层管理制度来说是一个挑战。有的创新者会比较傲慢，甚至脾气古怪、性格暴躁，当然，很多非创新者也会表现出这些特质，但很多公司似乎都找到了管理这些傲慢创新者的方法。管理创新者的时候，有 3 个注意事项。

第一，创新者必须由创新者来管理。创新者倾向于根据创新能力来区别对待他人。大多数创新者的点子很多，但好点子没那么多。如果有人反驳他们通过头脑风暴得出的新点子，他们就会很生气。但如果他们认为反驳的人是一个创新者，他们就不会觉得这个人“不懂行”。他们可能会认为是自己考虑不周全，而重新评估点子。

第二，创新者要相互交流学习。创新者需要彼此接触，交流想法，吸收他人的热情和理念。他们彼此竞争，又相互帮助。这种需求在大型组织中很难得到满足。即便办公地点在同一个园区，每个部门的位置也比较分散，你也很难得知每个人在做什么，以及擅长什么。不过有两个方法可以解决这个问题。第一个方法是组建一支创新顾问团队，这有点儿像在各处执行任务的特种部队。这同时有助于解决厌倦的问题，我们会在下一段讨论。第二个方法是在部门内组建并培养一支团队，可以由部门员工来提名本部门最出色的创新者。这些团队成员可以定期会面交流想法，并获得反馈。创新者之间相互交流就能产生更多的创新，所以，任何能加强这种交流的合理的方法都能发挥作用。

第三，创新者也会厌倦。他们需要定期调岗，进入全新的领域，激活创新的动力，让创意的源泉再次喷涌。对创新者而言，在一个领域专注3年，时间太长了。创新者调岗后可能会给之前的部门带来一些短期问题，但在我看来，调岗的长期作用比这些问题重要得多。如果你把创新者看成一种共享资源，就比较容易接受调岗了。

公司组建内部创新顾问团队时会面临第二个和第三个注意事项的相关问题。许多公司聘请外部创新顾问取得了丰硕的成果。外部创新顾问能发现公司的方法论问题和组织问题，而公司内部的人却很难发现。外部创新顾问能指出你错在哪里，而且这个服务价值巨大。但是，外部创新顾问对公司的用户和产品一无所知，结束6周的顾问工作后就会离开，只给你留下了一张收款发票。接下来，纠正错误就是你的任务了，而且要从了解你的用户、行业和产品的人入手。

内部创新顾问拥有你所需要的知识和才智，如果你把这些特质与外部创新顾问的方法论知识结合应用，就能发挥强大的作用。只要内部创新顾问与外部创新顾问找到了正确的方法，并开始把它系统化，公司就会只需要内部创新顾问了。这就引出了建立创新组织的另一个关键问题：产品创新归谁负责？

企业创新必须由专人负责

最简单的回答就是，每个人都负责。这也是一个错误的答案。没人会说“每个人都负责财务部”或者“每个人都负责营销部”。没有哪个人会拥有一项所有人都拥有的任务。

乔治·麦金农（George MacKinnon）在美国上诉法院任职了 25 年。在此之前，他是国会议员，并且担任过其他要职。但是，他最引以为豪的可能是加入了明尼苏达大学橄榄球校队。实际上，他 80 多岁的时候看起来还能打比赛。他有很多故事，而下面这个故事非常切题。

20 世纪 20 年代中期，明尼苏达大学橄榄球校队输掉了一场重要的比赛，对手的跑卫接到开球后冲锋达阵。在周一的训练中，教练没有提到这次失败的经历，他让 11 个队员开球后全部当跑卫，两个队员防守跑卫。令人惊讶的是，这两个队员防守成功了。教练让他们再来一次，结果还是一样。教练把队伍召集起来说：“上周六，你们 11 个人都没能防住对方的跑卫，今天两个人就做到了，区别在于，11 个人防守的时候，没有人认为这是他自己的职责，而只有两个人的时候，你知道这就是你的职责。”

这是一个振奋人心的故事。它生动地说明了一个人们熟知的现象：事情没有专人负责，就不会有成果。只有获得授权、专门负责的管理者才能取得成果，而委员会做不到这一点，特别小组做不到这一点，“我们对……都有责任”这样的格言也做不到这一点。

那么，如何把“专人负责”这种方法应用到创新之中呢？问题在于，有的企业并没有设立创新部。在生产科技产品的企业中，创新可能被视为技术部的职能。在消费品企业，创新可能被视为营销部的职能。在医药公司，创新可能被视为医生和生物化学家共同的职能。在这类企业中，这种做法可能行之有效，但在大多数企业中，这种做法就不可靠了。企业可能设立了新品开发小组，它可能归属于营销部或者技术部，也可能是独立的。

最终，这些结构性问题可能不那么重要。如果每个大型组织都是一个矩阵，那么创新的归属只不过是这个矩阵上的另一个点。管理层考虑到创新的归属时，关键是要明白每种归属都存在偏差，而且要理解这些偏差的本质。如果把创新视为技术部的职能，那么基于这种理念生产的产品，从技术角度来讲是合理的。这可能意味着，这些产品使用了与公司现有水平相匹配的技术，或者使用了最有趣的新技术。产品的这些新特征有可能符合，也有可能不符合用户的需求。例如，相较于其他编程软件，用 Java 来编写一段程序可能相对比较容易，所以从技术角度而言，用 Java 做这个项目可能很简单，但如果 Java 运行不流畅，那就会要用户来为提高编程效率买单。

另外，如果创新归属于营销部，这个部门的决策可能就偏向于能提供强大营销机会的产品。一款产品的营销主题可能是“节能”，因此就会吸引关心全球变暖问题的潜在用户。但是这种营销优势既有可能只是短期有效，也有可能会延长产品创新的生命周期。

让技术部、营销部或者生产部来担任产品创新的角色并没有错，只要能完全清楚对此负责的管理者是谁就可以了。他的任务就是把这些偏见考虑进去、互相平衡，并创造一条产品创新的路径，让用户在不受这些偏见的影响，以及不考虑管理者被迫在一个错综复杂的环境中运作的前提下，也能理解产品的价值。归根结底，职责分明对企业来说不可或缺，否则，工作就无法完成，也不会有人为失败负责。最糟糕的情况是，每个人都为项目倾心尽力，但没人对项目的结果负责，任何企业都接受不了这样的做法。

总的来说，如果管理层重视创新，并且通过沟通、组织调整和激励机制来充分向员工传达这个信息，创新就会变得很重要。如果企业期望员工创新，并且配备了相应的人员，改变了管理方式，那么创新就会水到渠成。否则的话，创新就只是一种随机事件——可能会发生，也可能不会发生。企业要想有所发展，就必须创新，创新至关重要，不能让它成为随机事件。

在第 11 章中，我们不再讨论创新这个话题，而是分析一下前文所讨论的方法是如何帮助企业高层决定投资方向，以及如何让这些问题指导企业其他方面的工作的。

第 11 章

用创新产品的方法创新管理

此前讨论的大部分内容都和产品开发人员有关。我们在创新的 3 个关键中提出了 3 个关键问题来指导他们，开发产品的时候要坚持以用户为中心，追求实用主义，让产品简单易用。**这 3 个关键问题如果能在产品开发的过程中得以应用，就会变成构思的工具——开发和优化新的产品概念。它们也可以作为设计产品时的参考标准。**产品开发人员利用这些问题应该就能提出新的产品概念，并对它进行测试和优化。但是，产品创新过程并没有就此结束，因为产品开发人员不是唯一传递产品理念和参与执行的人。产品提案需要经过项目审批流程，这就会涉及财务部、销售部、营销部，也可能需要首席执行官和首席财务官的参与。

制造部或技术部要与开发部共同制定产品参数，根据用户的需求和具体参数来制造产品。这个过程既涉及调整产品定义，有时候也需要制造部门抛开开发部独立做决定。产品制造出来后，由销售部和营销部做市场推广，而且他们会以便于用户理解产品价值主张的方式推广。产品的定位完全取决于这两个部门对产品和用户的理解，并不一定符合开发部的理念。

之前提出的 3 个关键问题在这些环节能发挥重要的作用。它们有助于各部门统一对产品的理解，从而围绕一个共同的使命展开工作。产品的具体制造参数和定位在一定程度上取决于产品的用途——用户重视的任务。各部门对这些任务的理解统一度越高，产品的定位和推广就越精准。下面我们来仔细分析一下新产品涉及的各个方面。

打造新的项目审批流程

开发一款新产品需要投入不菲的资金，仅在开发阶段就需要花费巨额成本。产品需要有规格参数，因此相关部门必须建立一个相应的生产计划，需要采购零部件，调试或者开发新的机器设备，制定并执行质量标准，支付员工薪水。如果生产科技产品，那么还需要招聘程序员，增加新的服务器和硬件设备。

但这只是一个开始。新产品上市时需要包装、培训售后团队、培训销售团队、核算资金、制作营销和销售物料、预订广告位、试用，以及开展一系列把这个产品从草图变成实物交到用户手上的活动。开发新产品就是企业发展的引擎，而且这些引擎需要大量的燃料。在这种情况下，燃料就是资金。公司不会因为产品开发人员有一个很棒的点子就投入资金。开发重要的产品都需要经过公司高层的批准，所以产品开发人员需要准备一份项目计划书，向高层管理者说明产品的开发成本和营销方式，同时也要预估销量。产品开发人员把项目计划书提交给最终决策者时，这个计划看起来是完全合理的，它正确地计算了投资回报率（至少达到了预设值）。但是，参加过项目评审的人都知道，这种项目计划书建立在一系列假设的基础之上，问题恰恰就出在这里。

基于错误的假设得出合理的结论再容易不过了，而且错误的假设一般难以被发现。如果你能掩盖假设，或者没有人质疑这些假设，抑或是该假设碰巧是错的，接下来就比较好办了。我们来看一个案例。

第 4 章介绍了一个挂画工具的案例。这个工具令挂画的步骤从 20 步减少到了 10 步。从表面上看，这个工具很棒。你可以想象一下把它展示给高层管理者的情形：第一张幻灯片预估了市场规模、画作的年销量，并且假设这些画都会被挂在墙上，还预估了挂画工具的年消费额；第二张幻灯片演示了复杂的挂画过程，说明了挂一幅画实际需要的时间；第三张幻灯片声明一旦做出重大突破，这种设备的销量就会达到数百万，每台售价为 29.95 美元，利润率超过了 40%，此外还展示了投资回报率（或者当年流行的指标），这个结果让人十分满意。接下来，演示人员从桌底拿出一个产品原型，另一个人从外面拿进来一幅画（假设是首席执行官的肖像），他们请首席执行官指定一个地方把这幅画挂起来，然后就会使用到这个工具。画挂好了，项目也获得了批准。于是，产品开发人员可能就会准备庆祝了。别着急，事情还没有结束。这里隐藏了一个假设，而且这个假设决定了这个产品能否成功。这个假设是：用户会立刻认识到这个工具的价值，因此愿意花钱购买它，且愿意花时间学习使用它。

这款挂画工具很巧妙，但其使用方法可能并不那么直观。用户可能会觉得它像一种把简单事情复杂化的机器。用户在家得宝商店里闲逛期间看到这个产品时可能会说“哇哦！终于找到解决挂画难题的终极办法了”，也可能会说“这到底是个什么东西”。这个工具可能容易使用，但是容易学会使用吗？

这个问题把我们带回到了净效用的概念上，而幻灯片里并没有涉及净效用。这个工具看起来容易使用，是因为演示原型的人是一个专家。他从一开始就参与设计，而且在演示前练习使用了一个小时。说到这里，你可以想象一下电视购物节目中介绍的食品加工设备。主持人每次都能轻松得到一个完美的结果，这是因为他在录节目前就已经练习了两周，并且，即使出错了他也能再录一遍。但是，订购这个设备的普通用户可能还没组装好就弃之不用了。

其实，解决净效用问题的方法很简单，只要拿一些原型工具让真正的用户使用就可以了。你甚至都不需要花钱就能完成这件事。你可以从公司的财务部和人力资源部随便找 5 个人，让他们试用这个工具，你站在旁边观察即可。然而，如果没有人问及净效用，这些情况可能就都不会发生。演示者可能完全回避了净效用，因为演示者倾向于规避产品的缺点，强调令人兴奋的因素。所以，这个产品提案之所以能获得通过，只是因为财务数据比较好看，大家都没有足够的信息来质疑这个假设。

我们再从另一个角度来分析一下这次演示。请想象一下，管理层要求演示者回答本书的 3 个关键问题，说明产品如何体现净效用这个最重要的概念。这次会议与上次完全不同，所以结果可能也有所不同。

首先，演示者必须充分描述用户真正要完成的任务。它不是“在墙上打一枚钉子”，也不是“测量墙面宽度，找到中心点，用铅笔做标记”，而是“挂一幅画”。其次，演示者必须详细说明这个任务的实施过程，罗列出用户在不借助这个新产品的情况下，完成这个任务所需的步骤。接下来，他必须演示用户使用新产品完成这个任务所需的步骤。最后，演示者必须说明，在考虑学习使用过程的前提下，与老方法相比，新方法的确产生了净效用。

突然之间，我们的关注点不再是幻灯片，让首席执行官和首席财务官动心的市场分析数据现在毫无意义。演示者不得不详细说明真实的用户体验，说明这个创新如何强化了这种体验。在这种情况下，演示者就没有太多掩饰的余地了。最终，管理层在评估这个提案的时候，就会知道产品开发人员是否真的理解了用户体验，以及是否真的提出了一些能显著改善用户体验的点子。

当然，净效用这个概念带有一定的主观性，在演示的时候可能无法让所有人信服，因为每个人的衡量标准都不一样。一些试用过的发烧友总会夸大新产品的好处，一些挑剔的人则会对它嗤之以鼻。但是，如果能把与产品相关的问题缩小成净效用的问题，做一些观察性的市场调研就能解决这个问题，我们在第 2 章已经讲过，所以在此不再赘述。

产品开发人员应该不愿意看到各执己见的那种场面。只有演示技巧是不够的，他们需要向从未接触过用户的首席财务官解释用户的想法、行为以及对新产品的反应，而且首席财务官会用一定的方法质疑他们的陈述。掌管资金且知识丰富的人会对项目审批形成一道巨大的障碍。

凡事有坏的一面，也就有好的一面。如果产品开发人员在提案中使用了正确的方法，换句话说，他们解决了净效用的问题，而且验证了答案，事情就比较容易解决。此外，这些答案大多数是由关键问题 1 和关键问题 2 推断而来的。况且，产品开发人员能借助项目审批流程来勾勒关键问题 3 的设想，整合工作流程。这能为下一阶段的产品提案奠定基础、铺平道路。

打造新的产品制造过程

产品没被制造出来之前什么也不是。产品的设计者和制造者通常都是分离的，要想把产品制造出来，这两组人互相之间要保持充分沟通，但有关创新产品的沟通尤其困难。你可以回想一下前文中的例子，意大利的立法机构计划修改刑事诉讼体系，做出一些重大创新。我们之所以会不知所措，是因为双方无法沟通；我们无法沟通，是因为遇到了新问题，而且没有现成的模式来弥合两种文化之间的差异。这个问题在创新中很普遍。

以挂画工具为例，我们来分析一下。这个工具的主要部件就是伸缩杆，它能帮助我们把画挂在两扇窗户之间的正中央。生产这个部件有两个方法。第一个方法是：在中间位置装一个手柄，摇动转轴。摇动手柄的时候，伸缩杆会同时向两个方向移动相同的长度，所以两边伸缩杆的长度始终相同，手柄始终位于中间位置。第二个方法是：在每个伸缩杆上标记刻度，一头的伸缩杆移出12厘米，另一头也要移出12厘米。相比之下，第二个方法更简单、更省钱，而且出现质量问题和维修问题的概率也更小，但这样做会增加挂画流程的步骤，而这些步骤正是我们想要剔除的。产品开发人员如果没有对此加以说明，制造者可能会认为第二个方法更简单、更省钱，可能出现的质量问题更少，然后就开始生产。但如果制造者咨询了产品开发人员，那么这个过程就意味着产品会延迟上市，而延迟就会产生费用。

如果没有完全根据用户需求做决定，那么最终的产品可能就无法完全表达产品的概念。另外，如果制造者能参与产品概念的设计过程，就会在很大程度上减少偏差。如果制造者能完全理解创新的意图，他们制造产品的时候，可能也会提出改善的建议。这样一来，大家就能生产出更好的产品。

打造新的销售与营销方式

只有以正确的方式将产品呈现给恰当的用户，这个产品才是成功的。因此，销售部和营销部都要充分了解产品，尤其是要知道这个产品对终端用户的意义是什么：

- 这个创新产品的价值主张是什么？
- 哪些人会想使用这个产品？
- 他们为什么会想使用它？
- 这个产品会给他们的生活带来什么变化？
- 使用这个产品能让他们获得什么好处？

这些问题对产品定位至关重要。这些问题的答案也就是我们要强调的产品优点，它们有助于制定营销主题、设计包装、定价，以及判断目标用户。而且，在很大程度上，这些问题的答案就隐藏在构思过程中提出的问题的答案之中。

如果你充分理解用户参与的真正任务，如果你大幅减少了完成任务所需的步骤，那你就已经大幅优化了产品，因为你理解了用户的任务，而用户已经为你找到了产品的定位。因为理解了用户的任务，而且在创新的过程中始终在观察，所以你能确切地知道用户是谁，知道他们能从这种优化中获得什么。你知道，他们发现了产品的优点和价值。

因为与用户有密切的联系，帮助他们解决了他们可能都没有意识到的问题，所以你能利用他们的真实反应来制定营销策略。因为可以经常亲眼看到用户发现净效用增大的时刻，所以你可以在他们发出感叹的时候完成销售。

我们还是再以挂画工具为例来说明。这个产品已经设计成型并被制造出来了，销售部和营销部的员工现在就要冲锋陷阵了。那么，他们手里有什么呢？他们只有一个能帮助用户挂画的工具，这就很好了。但这个工具看起来有点儿不好用，它看起来有些占地方，很难在家得宝门店的货架上找到陈列位置，这一点真的糟透了。

销售部和营销部的员工突然开始怀疑他们手里拿的是不是一个垃圾。有些人开始把它与福特埃德塞尔汽车、新可乐

（New Coke）相提并论[①]。自我实现预言[②]的征兆越来越明显，这绝对可以让这个产品滞销。但是，只要让他们知道构思过程中的分析，问题就可以迎刃而解。这个产品的使用方法是有点儿复杂，但比传统的挂画方法要简单很多。所以，最好的演示办法就是演示传统的挂画方法有多难，从而体现新方法有多简单。

这个产品的尺寸太大，无法陈列在家得宝门店五金区的货架上，但它不是为工匠和手工爱好者设计的，而是为嫌老方法麻烦、不愿意请人代劳的人设计的。所以，这个产品可能不适合在家得宝销售，它可能适合在百货商店的画框区和装裱店里销售。而且，这些商店可能还会提高售价，因为它们比小区门口杂乱的五金店高档。

我们没有像销售部和营销部的员工那样沮丧，而是惊喜地发现了提高用户价值的机会，甚至可能找到了新的分销渠道。但问题依然没有改变，我们必须让市场相信这个产品提供了更

---

① 福特埃德塞尔汽车高难度的设计、流线型的外形使设计师自己都感到自豪无比，但它最终只生产了 4 年就不得不因销量不大而停产了；可口可乐公司推出的新可乐恶评如潮，这款产品只销售了极短一段时间就销声匿迹了。——编者注

② Self-fulfilling prophecy，即使自己的预期成真的预言。——编者注

大的净效用。相比于沮丧，我们发现了挑战和机会，这二者之间有很大的区别。

当然，很多公司实际上并不喜欢挑战和改变。改变就代表着风险，身处商品行业的公司（以及成长型行业中容忍度更低、思维方式相同的公司）是厌恶风险的，它们的专长是提升市场份额、削减成本，而不是开发新产品，它们不会忘记新可乐的失败。

如果能正确应用创新的 3 个关键，那么连那些萎靡的人也都会为此振奋起来。当你拥有一款产品能明显改善用户体验时，当产品开发环节、项目审批环节、制造环节的人员都在为这个产品倾心尽力时，销售部和营销部也要全力以赴，哪怕你们是在一个商品行业。

虽然创新的 3 个关键的核心使用者都在产品开发部，但是你也可以把这些问题当成一种工具，用它来统一各部门对项目的认识，指引各部门向同一个目标前进。相比于各自为政、目标错乱，提问能强化组织焦点。而且，在产品审批环节，你可以把提问当作一个有效的过滤器，以确保所有的产品活动都是以用户为中心的。

附　录

提升创新能力的 7 个练习

在行动中学习会更加高效。你可以把这本书读 5 遍，把书里的流程背得滚瓜烂熟，但是效果不如你只读一遍并完成所有的练习，再做一些其他练习。你很快就会发现，使用这些创新方法变成了一种本能。你会发现自己对已知规则的依赖越来越少，你开始更多地从行动中学习。有时候，你可能会不断发现创新机会，从而招致别人的厌烦，这时候你就知道自己真的掌握了创新的方法。

对于接下来的创新练习，我们会先说明创新机会，然后再给出参考答案。这些答案并非“正确”的答案，它们只能帮助你验证自己的答案。不要写“超人”式的答案，比如用某种魔力或不为人知的技术让地球倒转，让时光倒流来解决问题。每一个答案都必须使用常见的方法——不需要借助魔力，也不需要做出能获得诺贝尔奖的重大突破，只需要能拿来即用。

这些练习也能为团队建设项目奠定基础。它们也有点儿像竞争，能激发个人最出色的一面，能磨砺你的团队技能，也能让管理层发现哪些员工表现出了持久的创新能力。

你可能也会发现，开始制定自己的练习项目会非常有用，这是因为：**这本书强调的创新方法适用于任何产品领域。**但是，这些创新方法未必会告诉你所有的创新机会在哪里。如果你采用了这些方法，就能发现很多机会，但不一定能发现所有机会。因此，你必须训练自己用眼睛和思维来到处寻找机会，制定类似的练习方法能帮助你做到这一点。例如，有一天天气很冷，你开车去威斯康星州的一家商场，停车场停满了车，你四处寻找停车位，却发现很多停车位上挤满了购物车。

练习 1

购物车乱丢问题

一股寒流掠过北极冰盖，贯穿加拿大西部南下，呼啸着冲入威斯康星州腹地，这似乎是否认全球变暖概念的最后一点证据了。一个顾客开车进入当地一家商场的停车场。虽然气温已经降到了零下，但是 Hearty Wisconsinites 商场的停车场依然满满当当。这个顾客看见了一个车位，于是赶忙把车开过去，但他发现车位被两个购物车占了。前边不远处就是购物车停放区，他需要下车挪走购物车，然后再把车停进车位，但他不能把车停在车道上。这个问题没有办法“解决”，但是可以预防，你只需要找到预防的办法就可以了。请记住一点，购物车真正的主人和保管者是商场，商场要么雇更多的员工来收集这些购物车，要么就会招致顾客的不满，没有人愿意在隆冬的寒流中下车去推购物车。

参考答案

创新的关键问题 1 是：用户使用这个产品要完成什么任务？在当前情景下，“产品”实际上是一项服务，而真正的服务是管理购物车，让它易于取拿、便于使用，不为顾客制造类似挤占车位的问题。顾客目前使用购物车的过程是这样的：

1. 取一辆购物车；
2. 推着购物车购物；
3. 把购买的东西推到自己的车旁边；
4. 把购物车丢到一边（尤其是天冷的时候）；

5. 商场员工将购物车收集到一起；

6. 商场员工把收集好的购物车推到店铺入口处。

你接下来要做的是尽可能剔除第四步到第六步。你可以把重点放在第四步来解决这个问题。第四步之所以重要，是因为如果顾客使用完购物车后没有将它乱丢，而是把它放在停放区甚至推回了店铺入口处，那么就不需要第五步和第六步了。既然顾客已经把购物车放到了一起，甚至把它推到了店铺入口处，自然就不需要再安排人员去收集了，也就不用再另外安排人将这些购物车放回原处。

所以，你面临的是一个简单的激励问题：如何激励顾客改变行为呢？答案很简单，也很传统，那就是用钱。

欧洲的很多公司已经解决了这个问题。他们会把购物车连在一起，后面购物车的链条上会有一个插片插到前面购物车的把手上。如果你想取一辆购物车，就要在插槽里插入一枚硬币让插片弹出来。插片弹出来后，硬币就会卡死在插槽里。你需要把购物车归还到指定地点，再插入链条上的插片，硬币才能弹出来。然而，这个方法有两个缺点：

- 不易找到合适的硬币；
- 激励太小，在美国的冬天并不适用。

对于第一个缺点，欧洲的店铺和汽车经销商用光碟代替了硬币，只是更换光碟需要花时间、花钱，顾客使用完光碟后就会保留起来。对于第二个缺点，假设插槽里需要放两个 25 美分的硬币。那么，10 个顾客每人丢弃 50 美分，加起来就是 5 美元，总有人会愿意赚这笔外快。

以上只是改变顾客行为的一种激励形式及其不利因素，你能想出其他形式吗？你能想出一个完全不同的办法吗？

练习 2
铺床问题

床单已经使用了几个世纪，但这个产品本身并没有什么改进。除了款式不同、面料不同、不出褶皱之外，真正的创新只有一个：边角有松紧带的底层床单。它让铺床容易了很多。[①]在这个创新出现之前，床单是一种商品化的产品。你的挑战就是打破商品的传统使用方法。

参考答案

和往常一样，我们从分析铺床的步骤开始，一个动词等于一个步骤，这里只关注和床单有关的步骤。

1. 从柜子里把床单拿出来；
2. 选择底层床单；
3. 把底层床单在床上铺开；
4. 把有松紧带的边角压在床垫下；
5. 拿出上层床单；
6. 找到对应床头的边角；
7. 对齐边角；
8. 把上层床单在床上铺开；
9. 调整好边距，让每个边角都能完全收入底层床单；
10. 把上层床单的边角压在床垫最底层；
11. 铺平床单。

① 即便如此，我对其净效用还是心存疑惑。折叠一个一体化的床单相比于折叠一个单张床单是更复杂的任务，并且当床单角上的松紧带根本固定不了多长时间的时候，这种一体化的床单真的能提高铺床的效率吗？

只要快速浏览一下这 11 个步骤，你就会发现，问题在于铺上层床单。这个过程要用 7 个步骤，更难铺的底层床单实际上只用了 3 个步骤。我们再仔细分析一下第 6 步到第 10 步。这些步骤占用了大部分劳动，而且看起来没有实质收效。之前铺床过程中的对齐边角、调整边距与挂画何其相似。这些动作真的都是必须做的吗？我认为并非如此。

如果两张床单是一个统一的整体呢？如果上层床单缝在底层床单上，或者可以轻松对齐拉紧呢？这样一来，就不再需要第 5 步到第 10 步。实际上，你也可以改变底层床单，让它直接贴在床垫的底部，这样一来，也就不需要松紧带了，并且便于收纳床单。

这种做法会节省时间和精力吗？结果很容易判断。制作这样一个产品原型只需要不到 50 美元（包括测量床单尺寸和人工的成本）。制作好产品原型后，你就可以用它来进行试验，从而知晓你是否增大了净效用，换句话说，是否开发了一个新产品。

练习 3
干洗问题

这个问题稍微有些不同，并且有些棘手。你需要做的是重新创造一个行业。请不要害怕，这本书你马上就要读完了，所以必须直面这个挑战。

我们已经说过，这本书的重点是关于产品开发的。但是，正如我们在第 7 章中发现的那样，书中提及的方法也经常应用到服务行业。干洗就是一项常见的服务。美国的干洗公司数不胜数，一家公司甚至可以服务上万人。即便是在一些小镇上，也有好几家干洗店。干洗是一项人力驱动型服务，员工的年均收入是 6 万美元。

这个行业还出现在了 20 世纪 50 年代的电视剧《反斗小宝贝》(*Leave It to Beaver*）中。琼·克利弗（June Cleaver）是剧中的女主人，除了偶尔参加桥牌俱乐部的活动外，她整天都很忙。早晨，她如果不烤蛋糕，就会抽时间把衣物拿到邻近的干洗店里，店员都认识她，一周之后，她会在收拾捣蛋的孩子和给丈夫做晚餐的时间间隙里来取走衣物。

如果剧中的情景是真实的，干洗行业就不存在了。克利弗每天都要忙 10 小时，她和丈夫周六要带孩子参加橄榄球比赛。所以，干洗店要推迟打烊来适应他们的时间，或者在更近的地方开店。但是，干洗店做不到这一点。员工工资已经吃掉了大部分利润，每周把营业时间延长为 10 ～ 12 小时根本不可能。此外，房租成本也很高，干洗店无法在收入不变的情况下再开迷你店。这该怎么办呢？

正如之前讨论的一样，创新的 3 个关键问题在服务行业稍微有些不同。劳动密集型服务业的讨论重点向来都是减少劳动力，因为人力是最大的成本，也是最大的管理难题。为了做到这一点，你必须关注员工的行为，并且自问：“这个步骤是必要的吗？它需要由人工来完成吗？”这样你就可以选择剔除这个步骤，或者让它自动化。

所以，在这个练习中，你的任务就是找到一个方法来适应克利弗及其丈夫那繁忙的日程，而且要考虑到干洗行业需要控制人力成本，把房租成本降到最低。

参考答案

这是一个服务问题，所以需要稍微改变一下方法。我们知道任务是什么。对克利弗及其丈夫来说，他们的任务是干洗衣物。我们也知道，他们对目前的状况不满意，如果哪个干洗店能改善这种状况，那么它肯定可以捞到好处。对干洗店来说，解决这个问题的创新方法不能导致成本大幅增加，因此，干洗店可以考虑以下 3 种常用策略。

第一，干洗店可以延长营业时间，因此需要增加员工，但前提是店主能节省其他方面的成本。我们知道，如果把干洗过程的步骤全部列出来，就有可能找到节省成本的方法，但眼下我们假设这个干洗店的运营是高效的。

第二，干洗店能以低于正常工资水平的价格把收集衣物的工作外包出去。也就是说，干洗店可以寻找一些当地营业时间较长的公司，比如便利店，与它们签订收送衣物的合同。这样做会产生额外的费用。干洗店要向便利店或者其他公司支付费用，并且需要一辆卡车定期收送衣物。当你认为这样做能显著地增加收入、节省成本时，这就是一个潜在的可行方法。这个方法就是由关键 3 变通而来的。我们由此提出的问题是："如果因为无法延长营业时间导致不能高效地完成顾客的任务，顾客会选择哪些营业时间长的服务？"答案可能就是便利店或服务站，你可以找这些公司合作。

第三，干洗店的服务可以自动化。干洗店可以在多个区域设置收集箱，并且配备视频交易系统。但它仍需花钱请人收集衣物，因为采用简易的无人终端来收集衣物只解决了问题的一部分——投放衣物。不过，这只需要一次性投入，而且成本低廉。自动化就是关键 2，通过让步骤自动化来剔除这些步骤。

所以，在这 3 个策略中，实现前两个还是有点希望的，值得进一步探索。第三个策略要全面评估公司的效率，虽然它超出了我们讨论的范畴，但还是值得在实践中推行。

练习 4
买车问题

下面这个服务问题有很强的指导意义，这个领域非常复杂，而且其中包含创新的好时机，所以非常有助于锻炼创新“肌肉”。

在美国，几乎人人需要买车，甚至有的人会买几辆。买车的过程和买房的过程非常相似：有多个阶段、多个服务者，而且效率低下。整个过程在很多方面都会令人不满，在讨价还价的环节中更是如此。不过，在这个案例中，我们会假设经销商采用的是现代化的经营方式，汽车售价固定且合理。现在，我已经选好了一辆车，准备购买。

下面是我买车的步骤列表：

1. 我挑选了一辆车；
2. 我等了 30 分钟与金融专员见面；
3. 他询问了我的收入、职业，把相关信息输入了电脑程序，这个过程用了 15 分钟；
4. 电脑显示我的条件合格；
5. 他打印出纸质资料，我浏览了一遍，签了字，这又用了 15 分钟；
6. 店员告诉我汽车要“预备”，让我第二天过来提车；
7. 我回到家，给保险公司打了一通电话，购买了车险；
8. 第二天我去店里提车，拿到了临时牌照；
9. 填写正式牌照申请表，邮寄出去；
10. 10 天后，我收到了正式牌照；
11. 我给汽车挂上正式牌照。

问题就出在这里。买一辆车需要 11 个步骤，这已经够烦琐了，而且这 11 个步骤中还需要等待、往返 4S 店，这就很浪费时间了。所以，请赶快解决这个问题，让我的生活轻松一些，也让你大赚一笔。

参考答案

这个问题非常好，因为它同时涉及关键 1 和关键 2，让你有了更好的练习机会。请看一下练习中罗列的步骤。

首先，我们来看一下通过合并或剔除，能让哪些步骤更有效率。请观察第 2 步到第 5 步，设想一个情景：我选择了一个经销商，然后登录它的网站输入了相关信息，并将材料打印出来带在身上。这样做让我节省了一个多小时的时间，让经销商节约了大概两小时。① 接下来请看一下第 7 步和第 9 步。我已经获得了完成这些任务所需的所有财务信息。这两个步骤都可以轻松地通过自动化来剔除。如果这是我的第一辆车，还没有办理过汽车保险，那么在我去 4S 店之前填写这些财务信息表格时，4S 店就可以让我选择保险公司，并把这些信息发送给他们，用以报价。

---

① 虽然我不在买车现场，但那里有两个人在为我服务，一个是销售专员，一个是金融专员。

其次，我自己填写这些表格让经销商节省了时间和费用，所以经销商可以轻松地把车给我送过来。

最后，怎样解决临时牌照的问题呢？经销商可以向车管所申请一些安全有保障的牌照，然后在“预备”环节打印出来放在车上。如果你觉得这种做法还是有风险，那么车管所就应该把办公室设立在车城，并设立一个免下车窗口，直接把牌照递出来，这样就在很大程度上减少了不便因素。

练习 5
前往机场问题

我经常乘坐飞机出行，这个过程总是令我很不愉快。以前，乘坐飞机是一种享受，但现在不是了。在这一过程中，如果把令人不愉快的问题列一个清单，内容简直无穷无尽。然而，这个领域似乎鲜有创新，可能是美国官僚体制盛行的缘故。

下面是人们乘坐飞机时常见的一组步骤。请你观察一下，看看自己能剔除、简化或者合并哪些步骤。请不要设想改变美国政府的政策，以及利润微薄的航空公司的做法，这基本是徒劳的。在这个练习中，我们假设你愿意额外支付合理的费用来克服一些关键障碍，不过请注意一点，这里很容易让简单的事情变复杂。简单的方法就是最好的方法，净效用是不可忽略的因素。你肯定不想让本来就烦琐的事情变得更复杂。

1. 浏览班次；
2. 预订机票；
3. 打包行李；
4. 把牙膏单独装在一个袋子里，与其他行李分开；
5. 把行李送到机场；
6. 自己去机场；
7. 打印登机牌；
8.（如有必要）托运行李；
9. 通过安检；
10. 让行李过安检；
11. 重新装好行李；
12. 前往登机口。

提示一下，这是一种复杂的服务情景，你的工作是努力无缝衔接每一个节点。

参考答案

解决这个问题的技巧是，避免用新步骤代替旧步骤。你的目标是把工作尽可能多地转移给另外一个主体。从这个层面来看，这个练习和之前提到的房产交易十分相似。买房的时候需要找经纪人，所以经纪人是最显而易见的转移对象。乘坐飞机的情景稍微复杂一些，但是为了达到净效用的标准，答案还是要简单。

许多商务人士都会预约专车去机场，对大多数人来说，这项服务比较昂贵。但是，如果他们能帮你打印登机牌、去家里接你、送你到贵宾室候机、帮你托运行李，而你只需要额外付一点儿钱，那么这项服务还贵吗？他们甚至可以把你的随身行李送到登机口，或者把牙膏直接送到你所在酒店的房间里。这种服务可以把第 4 步到第 11 步合并，至少可以让你的旅行轻松一些。

下面几个练习与前几个练习有所不同，这些练习不会要求你通过创新来解决问题，而是要求你去观察一项创新，分析它能否起作用。请回想一下，创新的 3 个关键不仅可以用来创新，也能用来评估创新结果。这些方法能帮助你区分好的创新结果和坏的创新结果。练习 6 会帮助你明白这些方法的实际意义。

练习 7 中的两个场景会分别要求你解决一个问题，但是不会告诉你现行的方法和步骤。相反，你会面对一个我称为“空白桌面”的情况。也就是说，这个问题从来没有人解决过，它是第一次出现在你的面前。你的任务不是分析目前的范例，剔除或合并步骤，而是假装你是第一个考虑到这个问题的人，要从头开始找到一个解决方法。接下来，你就可以详细分析自己罗列的步骤，也可以应用净效用的原则。这个方法非常有用，在解决难以突破现有模式的问题时更是如此。接下来，就让我们一起去一家餐厅吧。

练习 6
餐厅经营问题

在我的印象中，有两家连锁餐厅的经营方式很特别，A 店在欧洲和北美都设有分店，B 店只在欧洲经营。

餐厅的运作方式是这样的：顾客走进餐厅后，（A 店）店员会递来一张纸条菜单；B 店提供的菜单是类似于储值卡的卡片。接下来，顾客会拿着菜单或卡片前往分散在餐厅四处的餐台，有意面区、沙拉区、主食区等。每个餐台都有专人将顾客中意的菜品放到他们的托盘里，然后在菜单或者卡片上做标记。顾客用餐结束后，把纸条或者卡片交给收银台，然后付钱就可以了。所以，这个模式和自助餐厅非常相似，但是它有多条服务线。每个菜品在上桌的时候就算好了价格，不用再由不同的收银员统计。

参考答案

每当我走进这种餐厅的时候，脑海里就会冒出两个问题：这种用餐模式对我有什么好处？它对餐厅又有什么好处？遗憾的是，我还没有找到这两个问题的答案。

当顾客走进一家餐厅时，肯定带有明确的期望。他们期望有人领位，期望能看一下菜单再告诉服务员要点什么菜，期望能按照一定的顺序上菜。当顾客走进一家自助餐厅的时候，他们的期望就会稍微有些变化。他们期望的不是看菜单，而是拿着餐盘顺着精心布置的餐台挑选自己喜欢的食物。用完餐后，他们会期望去收银台结账。上述两家餐厅的经营模式就是常见的餐厅经营范例。

创新会打破这些范例，但它是以顾客利益为出发点的（至少不会对顾客产生负面影响）。在我看来，多餐台模式没有为顾客带来任何利益，实际上反而对顾客造成了负面影响。

首先，顾客进入餐厅的时候会感到茫然。这是一种新模式，其运作方式很难一眼看出，因为这个新模式实际上非常复杂。其次，多餐台实际上增加了用餐的步骤。不像传统的餐厅统一点餐、统一结账，你要在每个餐台分别点餐、分别算账，用完餐后再到收银台统一结账。

如果说强加在顾客身上的成本能大幅增加餐厅的收入，我可能就会认为这种做法有一定的道理，但是我并没有发现这种餐厅生意有多好，而且店员的人数并不少。他们多少会更加专业一些，所以做起事来可能更有效率，培训成本更低，但是这也节省不了多少成本，而且我没有发现顾客因此省了钱。

所以说，这种餐厅在我看来就只是一个新奇的事物，就像 1975 年流行的宠物石一样。这两家连锁餐厅，我都不会去，因为无论它们创新的初衷是什么，对我来说都没有一点好处。

练习 7
两个开放性问题

行李丢失问题

我们在练习 5 中说过，乘坐飞机很无趣。更有甚者，如果到达目的地后，等了一个小时拿行李，结果却发现行李丢了，这就会让人很抓狂。在这项练习中，你的任务是思考一下如何运输行李，罗列出解决以下两个问题需要的步骤：

1. 降低行李丢失的概率；
2. 行李丢失后，提升找回的时效性和准确性。

这项练习没有参考答案。对你来说，最大的收获就是坐下来分析这个问题的过程。在现实中解决问题的时候，你需要把成本考虑在内。我们无法在这里计算成本，所以参考答案没有作用。

眼镜放置问题

请注意，这里的问题不是发现你无意间把眼镜放在了什么地方，而是不用眼镜的时候要怎么处理它。现成的解决办法有几个，但似乎都不管用。例如，你可以把眼镜放在衬衫口袋里，但不是所有的上衣都有口袋；你可以用一根挂带把眼镜挂在脖子上，但是有的挂带并不好看，而且这样眼镜容易损坏。再例如，我有一个东西，它有一个像耳钉一样的针，固定在一个金属圈上。我可以把它钉在我的衬衫上，把一个眼镜腿卡在上面。但是，我把衬衫放进洗衣机的时候，经常会忘记把它拿下来。

有没有其他办法来解决这个问题呢，你自己不用具体做什么，就能始终让眼镜触手可及？这个问题同样没有参考答案。你应该自己判断自己提出的方法是否有效，是否产生了净效用。

未来，属于终身学习者

我这辈子遇到的聪明人（来自各行各业的聪明人）没有不每天阅读的——没有，一个都没有。巴菲特读书之多，我读书之多，可能会让你感到吃惊。孩子们都笑话我。他们觉得我是一本长了两条腿的书。

——查理·芒格

互联网改变了信息连接的方式；指数型技术在迅速颠覆着现有的商业世界；人工智能已经开始抢占人类的工作岗位……

未来，到底需要什么样的人才？

改变命运唯一的策略是你要变成终身学习者。未来世界将不再需要单一的技能型人才，而是需要具备完善的知识结构、极强逻辑思考力和高感知力的复合型人才。优秀的人往往通过阅读建立足够强大的抽象思维能力，获得异于众人的思考和整合能力。未来，将属于终身学习者！而阅读必定和终身学习形影不离。

很多人读书，追求的是干货，寻求的是立刻行之有效的解决方案。其实这是一种留在舒适区的阅读方法。在这个充满不确定性的年代，答案不会简单地出现在书里，因为生活根本就没有标准确切的答案，你也不能期望过去的经验能解决未来的问题。

而真正的阅读，应该在书中与智者同行思考，借他们的视角看到世界的多元性，提出比答案更重要的好问题，在不确定的时代中领先起跑。

湛庐阅读 App：与最聪明的人共同进化

有人常常把成本支出的焦点放在书价上，把读完一本书当作阅读的终结。其实不然。

时间是读者付出的最大阅读成本

怎么读是读者面临的最大阅读障碍

“读书破万卷”不仅仅在“万”，更重要的是在“破”！

现在，我们构建了全新的“湛庐阅读”App。它将成为你“破万卷”的新居所。在这里：

- 不用考虑读什么，你可以便捷找到纸书、电子书、有声书和各种声音产品；
- 你可以学会怎么读，你将发现集泛读、通读、精读于一体的阅读解决方案；
- 你会与作者、译者、专家、推荐人和阅读教练相遇，他们是优质思想的发源地；
- 你会与优秀的读者和终身学习者为伍，他们对阅读和学习有着持久的热情和源源不绝的内驱力。

从单一到复合，从知道到精通，从理解到创造，湛庐希望建立一个“与最聪明的人共同进化”的社区，成为人类先进思想交汇的聚集地，与你共同迎接未来。

与此同时，我们希望能够重新定义你的学习场景，让你随时随地收获有内容、有价值的思想，通过阅读实现终身学习。这是我们的使命和价值。

图书在版编目（CIP）数据

打造真正的新产品 / (瑞士) 丹尼斯·J.哈普特利 (Denis J. Hauptly) 著 ; 何瑞青译. -- 杭州 : 浙江教育出版社, 2021.9
ISBN 978-7-5722-2141-5

Ⅰ. ①打… Ⅱ. ①丹… ②何… Ⅲ. ①企业管理—产品管理—研究 Ⅳ. ①F273.2

中国版本图书馆CIP数据核字(2021)第146852号

浙江省版权局
著作权合同登记号
图字:11-2021-109号

上架指导：产品设计 / 产品思维

打造真正的新产品
DAZAO ZHENZHENG DE XIN CHANPIN
[瑞士] 丹尼斯·J.哈普特利（Denis J. Hauptly）著
何瑞青　译

责任编辑：刘晋苏
美术编辑：韩　波
封面设计：ablackcover.com
责任校对：余理阳
责任印务：沈久凌
出版发行：浙江教育出版社（杭州市天目山路 40 号　电话：0571-85170300-80928）
印　　刷：唐山富达印务有限公司
开　　本：880mm ×1230mm　1/32
印　　张：7.75　　字　　数：157 千字
版　　次：2021 年 9 月第 1 版　　印　　次：2021 年 9 月第 1 次印刷
书　　号：ISBN 978-7-5722-2141-5　　定　　价：79.90 元

如发现印装质量问题，影响阅读，请致电 010-56676359 联系调换。